JN083335

Newベーシック企業会計

岩 橋 忠 徳・大 澤 弘 幸
大 沼　　宏・櫻 田　　譲 ［著］
塚 辺 博 崇・柳 田 具 孝

五 絃 舎

まえがき

　本書は，大学において簿記や会計学入門といった会計に関する基礎科目を履修済みの学生を対象に，財務会計や財務諸表論のテキストとして使用されることを想定して執筆されました。読者の皆さんが，財務会計の基本的な考え方を理解しやすいように，文章はできる限り平易な表現を用いて，厳密な記述に拘りすぎず，直感的な理解を促すことができるように工夫しています。そのため，各章では図や表をできる限り掲載したうえで説明するように努めました。また，内容についての総合的な理解を深められるように，各章ごとに練習問題を設けています。本書を読み進めていくうえで，財務会計の専門用語に戸惑うことがないように，重要な用語については太字で表記したうえで巻末に索引を設けました。

　本書は平成21年6月に刊行された『ベーシック企業会計』とその改訂版に源流がありますが，厳しくなる出版事情から今回，出版社を替えると共に執筆者を入れ替え，新たに『Newベーシック企業会計』として刊行することができました。本書が刊行されるまでのこの間，会計処理の見直しが積み重なり，そしてそれを受けた簿記検定試験の改訂などによって学生の皆さんが学ぶ内容に一部，変更が生じています。加えてコロナ禍の中，遠隔授業が主流となる中で，教員と学生を結びつけるテキストの重要性を執筆者一同が痛感し，このテキストを刷新したという背景があります。

　最後になりますが，本書の出版を快く了承していただいた株式会社五絃舎の代表取締役である長谷雅春氏に心より感謝申し上げます。

2020年9月

著者を代表して

岩橋　忠徳

目　　次

第1章　企業会計の基礎

第1節　株式会社の仕組み

1．簿記と会計

　会計を学ぶ前に簿記を学んだり，あるいは会計を学んだ後に簿記を学んだりすることから，簿記と会計は密接な関係にあることは明らかでしょう。では，両者にどのような関係があるのでしょうか。歴史的な背景を踏まえたうえで，簿記と会計の関係を整理しておきましょう。

　当初，イタリアの自由都市を起源とする複式簿記は，計算技術的なものでした。複式簿記は，英語でdouble-entry bookkeepingといいます。bookとkeepingは，日本語に訳すとそれぞれ「帳簿」と「保存」という言葉になります。この保存には，前提となる記録があるべきなので，簿記は帳簿に記録して保存することであるといえます。また「複式」は英語でdouble-entryですが，借方と貸方による2面性を表していると考えられます。世界で最初に複式簿記について解説された本は，1494年にルカ・パチョリによって書かれた『Summa（算術・幾何・比および比例総覧）』という数学書であったことからもわかるように，日々の取引をどのように記録するのかという方法論が重視されていました。

　その後，複式簿記が16世紀から17世紀にかけてイギリスに輸入された後，18世紀から19世紀にかけての産業革命の進展とともに，大規模な企業が巨大な機械設備をもとに生産活動を行うことになりました。その際，複式簿記の計算技術的な手法では解決できないようなさまざまな問題が生じたため，会計というものを考えることが重視されました。つまり，企業規模が大きくなることによって取引量の増大がもたらされ，さらに取引量の増大は記帳業務の簡略化を促すと同時に，記録された結果の正確性が求められるようになったということです。

　リトルトンが「簿記から会計への発展について株式会社が大きな影響をあたえたことは見逃しえない事実である」と論じているように，株式会社の誕生が簿記から会計への発展を促したといえます。さらに，株式会社は解散を前提としない継続企業なので，定期的に得られた利益から配当を行う必要が生じる毎に元手とそれによって得られた収益をはっきり区分する必要がありました。

　それと同時に，株主に対する配当の根拠となる公開の必要性が生じました。これらの要請に応えるために，1つの取引を2つの側面から捉える複式簿記にその役割が託されて会計へと発展しました。そのため，一般的に企業で用いられる簿記は，複式簿記のことを指します。

　このように，簿記から会計への発展を促したのが株式会社であったことから，本書で取り扱う

企業会計は株式会社という企業形態における会計ということになります。そのなかでも特に，「不特定多数の投資者から資本市場を通じて資金調達をしている株式会社」（このような株式会社を**上場会社**といいます）の会計を対象とします。わが国には，株式会社以外の合名会社，合資会社，合同会社などを含めた企業形態をとる組織が273万8,549社，そのうち株式会社は255万4,582社あります（国税庁 平成30年度分「会社標本調査」）。つまり，企業形態をとる組織の全数に対して，株式会社数は約93％を占めています。このことから，株式会社がわが国の経済社会に強い影響力を及ぼしていることは容易に想像できます。したがって，本書では単に「企業」という場合は「不特定多数の投資者から資本市場を通じて資金調達をしている株式会社」を指すものとします。ちなみに，上場会社は4,173社（2020年6月現在）であり，株式会社全体に対する割合からみると約0.16％しかありません。

２．アカウンタビリティと財務会計

複式簿記が公開の必要性という要請に応えて会計へと発展したという説明を行いましたが，本書における会計の定義を以下に示しておきます。

「会計とは，経済主体の経済活動を複式簿記の手法を用いて記録し，その結果を財務諸表などの会計報告書にまとめ，当該経済主体の利害関係者に報告するプロセスである。」

この定義において，最も重要なところは報告するという文言です。会計は，英語でaccountingといいます。この単語の語源は，account for〜で日本語に訳すと「説明する」あるいは「報告する」という熟語であるといわれています。このことからも，会計は報告と深く関わり合いがあることがわかります。

株式会社についていえば，株主は自らの財産について管理運用する権限を経営者に委託します。それによって，経営者は財産を管理運用する権限を受託することになります。このような関係は**財産の委託受託関係**と呼ばれています。この関係においては株主が**委託者**，経営者が**受託者**になります。

受託者である経営者は，財産の管理運用した結果について説明する責任が生じることになります。この説明する責任を果たすために，財産の管理運用した結果を会計報告書にまとめ，株主に報告します。このような財産の管理運用した結果を報告する責任について，英語では**アカウンタビリティ**（accountability），日本語では説明責任や会計責任と呼ばれています。以上の関係をまとめたものが，図表1−1になります。

図表1—1　財産の委託受託関係におけるアカウンタビリティ

　ちなみに，現行の企業会計は，誰に対して報告を行うかによって次の2つに会計領域を分類することができます。まず1つは，株主や債権者などの外部利害関係者に対して報告を行う会計であり，**財務会計**といいます。また，外部の利害関係者に効率よく会計情報を報告できるかどうかを重視していますので，**外部報告会計**とも呼ばれています。

　もう1つは，経営者という内部利害関係者に対して報告を行う会計であり，**管理会計**といいます。また，内部の利害関係者である経営者に対して，適切な意思決定を行えるように会計情報が報告されるので，**内部報告会計**とも呼ばれています。

　財務会計は，英語でfinancial accountingといいます。このfinancialという単語には，「金融の」という意味があります。金融とは，資金を融通することに他ならないのですが，企業の立場からすれば資金を調達することといえます。そのため，財務会計とは資金調達のための会計ということもできます。以下，本書では企業会計という用語は，財務会計のことを指します。

3．株式会社の資金調達

　企業がさまざまな事業を営むためには当然ながら資金が必要です。第1節の1項で述べたように，18世紀から19世紀にかけてのイギリスにおける産業革命の進展によって，多くの資金を効率的に集める手段として株式会社という企業形態が活用されました。つまり，株式会社とは，「多額の資金を不特定多数の人々から調達するために考え出された企業形態」といえます。

　株式会社は，**株式**と呼ばれる有価証券（株券）を発行し（ただし，わが国における上場会社の株券は電子化されています），これを投資者に売り出すことによって資金調達を行います。このような資金調達の方法は，**直接金融**と呼ばれています。ここで売り出された株式を購入した投資者のことは，**株主**といいます。

　ところで，投資者が何のメリットもなく，株式会社に資金を提供するとは考えられません。では，投資者が株主になることによって得られるメリットとはどのようなものなのでしょうか。

　株主のメリットは，株主になったことによって得られる**株主権**として説明することができます。会社法では，株主権について次のように規定しています。

> 第105条　株主は，その有する株式につき次に掲げる権利その他この法律の規定により認められた権利を有する。
> 　一　剰余金の配当を受ける権利
> 　二　残余財産の分配を受ける権利
> 　三　株主総会における議決権

　このように，株主として資金を提供した見返りとして，株式会社から株主権としての自益権と共益権が与えられることになります。自益権とは，株主が経済的に利益を受ける権利です。具体的には剰余金の**配当**を受ける権利や残余財産の分配を受ける権利があります。また共益権とは，株主が株式会社の経営に参加できる権利です。具体的には株主総会での議決権があります。

　株式会社の資金調達について，株主権のうち剰余金の配当を受ける権利が特に重要といえます。

株式会社が，一般的に剰余金の配当を行うのは利益がでた場合であり，配当は利益の分け前ということもできます。配当は，1株あたり〇円で受取額が決まるため，株式保有数の多い株主ほど，受け取ることのできる配当額が多くなります。しかしながら，株式会社に利益がでなかった場合には，株主として株式保有数が多くても配当を受け取れない可能性もあるのです（株式会社によっては，利益がでた場合でも配当が行われない，逆に利益がでなくても配当が行われる場合もあります）。

　それに対して，直接金融以外で株式会社が行う資金調達には，**借り入れ**という方法があります。この場合，資金を貸し付ける，すなわち融資を行う立場である人（または企業）は，**債権者**と呼ばれています。具体的な債権者の例としては，銀行などの金融機関が挙げられます。先ほどの投資者が株主になるのと同様で，債権者も何らかのメリットを期待して株式会社に資金の貸し付けを行います。その代表的なものは，**利息**といえます。債権者が受け取ることが可能な利息額は，資金の貸借契約のなかで1年につき元本（債権者が貸し付けた金額）の〇％という利子率で決定されます。そのため，借り手としての株式会社に利益がでているかどうかに関わらず，契約上の利息額を必ず債権者に支払わなければなりません。このような資金調達の方法は，**間接金融**と呼ばれています。

　以上のように，株式会社の代表的な資金調達の方法として，直接金融と間接金融という2つの方法があることが明らかになりました。投資者は株主になることで配当を得ることを，あるいは金融機関は債権者になることで利息を得ることを期待して，それぞれが株式会社に資金提供を行うのです。ここで改めて確認しておいて欲しいのは，配当は利益がでなければ受け取ることができないのに対して，利息は利益がでるかでないかに関わらず受け取ることができる点です。このことは，今後の学習を進めていくうえで重要になっていきます。

図表1—2　株式会社の資金調達

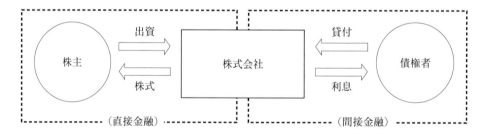

4．所有と経営の分離

　企業形態として最も単純なものは，個人企業であるといえます。個人企業では，経営者自身が出資を行い，同時に経営者として経営に関わる全責任を負うことになります。個人企業の場合，出資者である経営者には個人としての資金力という面で限界があり，仮に銀行などの金融機関から借り入れを行ったとしても，多額の資金調達は望めないと考えられます。企業が大きくなればなるほど，多額の資金調達が必要となるのですが，第1節の3項で説明したように株式会社では直接金融という資金調達の方法が用いられます。直接金融によって，株式会社の所有者として株主は株式を保有することになりますが，すべての株主が経営者になるわけではありません。仮に，

すべての株主が経営者になってしまうと，経営者の数だけ意見が分かれて経営方針が定まることはないでしょう。そのため，株主は経営者を選任し，経営者に企業経営を任せることになります。このように，所有者と経営者が同一ではない状態のことを**所有と経営の分離**といいます。

　株主は株式会社の所有者であるため，第1節の3項で説明したとおり出資者としての配当を得るだけに限らず，株主総会に出席したうえで議決権を行使することができます。そして，株主総会は株式会社の最高意思決定機関としての役割を担っています。つまり，株主総会では，株主が投票を通じて経営方針についての意思表示を行い，それに関わる重要事項が決議されるのです。それに関係している株主の保有する株式数について，会社法では次のように規定しています。

> 第109条　株式会社は，株主を，その有する株式の内容及び数に応じて，平等に
> 　　　　取り扱わなければならない。

　このような**株式平等の原則**に基づいて，株主には株式数に応じた議決権，すなわち1株につき1議決権が与えられるため，保有する株式数が多い株主ほど，株式会社の経営方針に大きな影響を及ぼすといえます。このような株主のことを**大株主**，そのなかでも最も多く株式を保有している株主のことを**筆頭株主**といいます。

　所有と経営の分離が進んだ株式会社では，経営には興味がなくても資金を提供したいというような経営に直接携わらない株主も多く存在します。このような株主は，**不在株主**と呼ばれています。当然ながら，経営者は経営を行う立場にあるため，株式会社の詳細な状況についての情報をもっています。それに対して，不在株主は経営者がもっているような情報を入手できる立場ではありません。このような経営者と不在株主の間にある情報格差は，**情報の非対称性**と呼ばれています。当たり前ですが，経営者と不在株主の間に情報の非対称性が存在すると，株主総会において不在株主が経営方針などに対して意思決定を行うための根拠となるものはありません。そのため，経営者と不在株主の間に存在する情報の非対称性は解消される必要があります。

　したがって，株主総会を適正に機能させるためには，株式会社における情報の非対称性を解消する仕組みがなくてはならないといえます。こうした仕組みの一翼を担っているのが企業会計なのです。

5．有限責任制

　個人企業の場合，所有者と経営者が同じであり，その人物が企業の債務返済についての全責任を負うことになります。たとえば，企業が多額の借金を抱えてしまい，その結果として倒産してしまった個人企業であれば，所有者兼経営者は自らの私財を処分してでも企業の借金を返済しなければなりません。このように，企業の債務について，所有者兼経営者がすべて返済しなければならない責任のことを**無限責任**といいます。

　株式会社の所有者である株主も，かつてのイギリスにおいては無限責任を負っていました。しかし，現行制度のもとでは，株主は株式会社の債務に対しては限定的な責任を負うだけで済むことになります。このことについて，会社法では以下のように規定しています。

> 第104条　株式の責任は，その有する株式の引受価額を限度とする。

　上記のとおり，株式会社が多額の借金を抱えて倒産してしまったとしても，株主は株式の引受価額を限度とする責任を負う，すなわち出資額を失う以上に自らの私財を処分してまでも株式会社の借金を肩代わりする必要はないのです。このような企業の債務に対する責任を**有限責任**といいます。

　歴史的にいえば，世界初の株式会社は，1602年に設立されたオランダ東インド会社といわれています。この会社ではすべての出資者が有限責任であり，株式自体も存在していたといわれています。

　株式会社において，株主が有限責任しか負わない以上，資金を貸し付けている債権者にとっては，担保となるものが株主の私財ではなく，株式会社の所有する財産ということになります。つまり，たとえ株主が多くの財産を所有していたとしても，その財産が株式会社の債務返済のために利用されることはないのです。

　第1節の3項で説明したように，株主は株主権のうちの自益権として配当を受けることができますが，株式会社としてはその分の財産が減少することになります。つまり，多額の配当が行われることは株主にとって好ましいことですが，債権者にとっては株式会社の財産が減少するために好ましいことではありません。このような両者の関係は，利害対立関係と呼ばれています。つまり，株式会社においては，株主と債権者の間に利害対立関係が存在するといえます。

　このような関係を解消するためには，株主と債権者が配当について相互に納得できるような金額（これを**分配可能額**といいます）を計算する仕組みがなくてはなりません。この仕組みは，企業会計が担っている重要な役割といえます。

6．株式譲渡自由の原則

　株主には，第1節の3項で触れたように株式会社が解散すれば，残余財産の分配を受ける権利があります。それに対して，債権者には返済期限が到来すれば元本を返してもらえる権利があります。この点について，株主は債権者よりも不利に思えるかもしれませんが，その代わりとなるようなメリットとして，会社法では次のように規定しています。

> 第127条　株主は，その有する株式を譲渡することができる。

　このような**株式譲渡自由の原則**に基づいて，株主はいつでも希望すれば，株式を市場で売却して換金することができます。

　資本市場で売買されている株式は，毎日の価格（株価）が変動します。この株価は，一般的に企業の業績に連動して高くなる傾向があります（ただし，株価は業績以外の要因にも影響を受けます）。そのため，株式会社の株式を保有することを目的とせず，単に株価の値上がりを期待して株式を購入する投資者も増えてきました。つまり，購入した時よりも高い株価で保有する株式を資本市

場で売却すれば，株価が値上がりした分の儲けを得ることができるため，株式の売買を主目的とする投資者が多くなってきたのです。このような株式の売却益のことを**キャピタル・ゲイン**といいます。

キャピタル・ゲインを得ることを主目的とする投資者にとっては，将来的に株価がどのように変動するのかを予測するための情報が重要となります。そのような情報のなかでも代表的なものが，企業経営についての情報です。株式投資を促して，資本市場を活性化させるためには，企業経営についての情報が定期的に投資者に報告される仕組みが整備される必要があります。企業会計は，この仕組みにおいて主要な役割を果たしています。

第2節　企業会計の社会的機能

第1節では，株式会社の仕組みと関連づけながら，その仕組みを維持するために企業会計が果たしている役割について大まかに説明を行いました。本節では，このような企業会計の役割を**情報提供機能**と**利害調整機能**の2つに整理して，さらに詳しく説明することにします。

1．情報提供機能

第1節の4項で説明したように，所有と経営の分離が明白な株式会社では，経営に直接携わらない不在株主が多く存在しています。不在株主は，経営者がもっているような情報を入手できる立場ではありませんが，第1節の3項で説明したように株主権のうちの共益権として株主総会における議決権をもっています。

そこで，わが国の会社法という法律では，情報開示の方法として株主に送付される株主総会の招集通知に株式会社の経営状態を表す書類を添付することを義務づけています。この書類のことを**計算書類**といいます。なお，計算書類には貸借対照表，損益計算書，株主資本等変動計算書，個別注記表が含まれます。株主は，このような計算書類を確認することによって，経営方針などに対する意思決定を行い，株主総会において議決権を行使することができるようになります。ここでいう経営方針などに対する意思決定とは，たとえば経営者としての判断について妥当であると評価すれば，経営者の留任を支持する，逆に妥当ではないと評価すれば，経営者の解任を要求することです。

さらに，第1節の6項で説明したとおり，キャピタル・ゲインを得ることを主目的とする投資者も数多く存在します。また，株式を購入する予定はあるが，どの株式を購入するのかをまだ決定していない投資者（このような投資者を潜在的株主といいます）もかなり存在すると考えられます。このような投資者にとっては，どのタイミングでどの株式を購入あるいは売却するべきかという意思決定が最も重要になります。

つまり，投資者は株式の売買についての意思決定を行わなければならない機会が頻繁にあるということです。そのような投資者の意思決定に役立つ情報は，結局のところ企業の経営状態についての情報です。そこで，わが国の**金融商品取引法**という法律では，資本市場から資金調達を行う企業に対して，その経営状態を表す**財務諸表**の公開を義務づけています。なお，財務諸表には

貸借対照表，損益計算書，キャッシュ・フロー計算書，株主資本等変動計算書，附属明細表が含まれます。

　そして，銀行などの金融機関といった債権者も，企業に対して貸付を行うべきか，貸付を継続すべきか，あるいは返済期限前に回収するかどうか等の意思決定を日々行わなければなりません。その他，企業で働いている従業員も，給与や福利厚生との関係で企業の経営状態に関心をもっています。また，取引先の企業であれば，取引の継続や新たな契約を交わすことができるかが気になるはずです。そして，就職先の企業を決めようとしている学生であれば，その企業の将来性や安全性について関心をもっているに違いありません。彼らがそれぞれの意思決定を行う場合にも，財務諸表によって公開される企業の経営状態についての情報が有用なものとなるでしょう。

　以上のように，企業の経営状態についての情報を必要とする人たちは，数多く存在すると予想することができます。こうした人たちに対して，企業の経営状態についての情報を提供することが，企業会計の重要な役割の1つになります。本書では，このような企業会計の役割について，情報提供機能と呼ぶことにします。近年，企業の資金調達方法が間接金融中心から直接金融中心へ移行する傾向があることから，企業会計の役割として情報提供機能がより一層重視されるようになっています。

　なお，主な財務諸表の利用者と利用目的をまとめたものが，図表1－3です。

図表1－3　会計情報の利用者と利用目的

利用者	利用目的
株主および潜在株主 一般・機関投資者	その企業の株式を買うべきか売るべきか。保有し続けるべきか。
銀　行	その企業に貸し付けを行うべきか。貸し付けても返済能力があるか。安全性は大丈夫か。
社債権者	社債元本の償還はなされるか。利息は支払われるか。
証券アナリスト	その企業の収益性・安全性をどう評価するか。それに照らして株価は妥当か。
従業員 （労働組合等）	経営内容は健全か。生産性や利益額が賃金・給与・賞与に適切に反映されているか。
取引先	その企業に商品を納入すべきか。納入するならば，現金取引か掛取引か。
競合他社	ライバル企業の業績は好調か。好調とすればその原因は何であり，業界の順位に変化はあるか。
税務当局	財務諸表に基づいて適正に申告されているか。
監督官庁	提出された財務諸表が業界に特有のルールに従って作成されているか。料金もしくは価格引き下げの余地はないか。

（出典：小樽商科大学ビジネススクール編『MBAのための財務会計』同文舘出版，2014年，p.14）

２．利害調整機能

　株式会社に関係する者（利害関係者といいます）の立場によって，利害の対立が生じます。具体的には，経営者と株主，あるいは第1節の5項で説明した株主と債権者などです。

　まず，前者については第1節の2項で説明した株式会社における財産の委託受託関係に起因するといえます。株式会社では経営者と株主の間に財産の委託受託関係が成立しています。この財産の管理運用について，株主は経営者にその権限を委託すると同時に，経営者は株主からその権限を受託します。両者は株式会社において多くの利益を獲得するといった同じ目的のもとで関係を築いていますが，利害の対立が存在していると考えられます。株式会社における利益の分配を例にあげると，経営者は利益がでれば報酬が増えることを期待しますが，報酬が増えるとその分だけ株主に対する配当が減少してしまうため，株主は経営者の報酬をできるだけ抑えようとします。

　次に，後者については株主の有限責任制に起因するといえます。株式会社では，株主が有限責任しか負わないため，債権者は株主の私財を当てにすることができず，株式会社の所有する財産を担保として考えることになります。それでは，債権者にとって資金を貸し付けるのに好ましい企業とはどのような企業なのでしょうか。

　図表1-4では，A社，B社，C社の貸借対照表を例として掲載しています。それぞれの貸借対照表を比較すると，総資産に対する総負債の大きさについて，異なっていることが明らかでしょう。簡単な説明にするため，各社の総資産はすべて現金，総負債はすべて銀行からの借入金，純資産はすべて株主資本と仮定します。当然ながら，借入金の返済時には返済額と同額の現金が減少します。

図表1-4　貸借対照表における3つのパターン

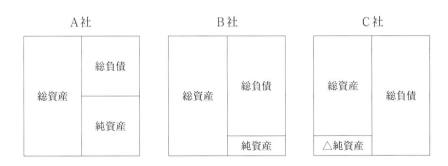

　図表1-4をみてみると，A社の場合，借入金を全額返済したとしても，総資産と総負債の差額分は企業内に留まります。つまり，借入金を差し引いても総資産としては余裕があるということなので，債権者にとって安全性の高い企業であるといえます。次にB社の場合，借入金を全額返済してしまうと総資産をほとんど失うことになります。つまり，臨時の支払いを行わなければならない際には借入金を返済できなくなる可能性があるということです。このような状態は，債権者にとっても好ましい状態とはいえません。最も問題なのは，C社の場合です。総負債額が総資産額を上回っているので，現状では借入金を全額返済することは不可能です。このような状態

のことを**債務超過**といいます。

　A社，B社，C社の貸借対照表を比較してみると，債権者が安心して資金を貸し付けることができる企業の特徴が明らかになります。それは，総資産と総負債の差額である純資産の金額が大きい企業であるということです。それに対して，債権者にとって資金を貸し付けるうえで不安になるのは，純資産の金額が小さい企業です。

　話は変わって，第1節の3項で説明したように株主にとって，株主権における自益権のうち配当を受ける権利があるため，投資者が株主になるために出資する際には，配当を受けることによる利得（**インカム・ゲイン**）を期待します。当然ながら，株式会社では配当を行うことによって，現金の流出，すなわち資産の減少が生じます。負債の金額が変動しないと仮定すると，資産の減少は元手である資本（純資産）を減少させることなります。このことは，配当の支払いによって債権者の利益を損なうことに繋がります。

　しかし，債権者の利益を最優先して配当を行わないとすれば，株主の利益を損ねてしまいます。そこで，株主と債権者をともに納得させるような配当の支払額を決定して利害調整を行う必要があります。このような企業会計の役割は，利害調整機能と呼ばれています。株主と債権者の利害調整を行うためには，分配可能額を計算する方法について両者の合意がなされていることが必要となります。

　近年において，情報提供機能が過度に重視されてきたこともあり，利害調整機能は企業会計の副次的な役割として位置づけられるようになっています。

第3節　わが国の企業会計制度

1．制度会計の意義

　これまで説明してきたように，企業会計の役割としての情報提供機能や利害調整機能が適切に果たされるためには，企業は計算書類や財務諸表を作成しなければならないと考えられます。しかしながら，そのような理由だけでは企業が計算書類や財務諸表を作成する労力を考えると，自発的に行う企業は少ないに違いありません。

　それでは，なぜ企業は毎年，計算書類や財務諸表を作成しなければならないのでしょうか。端的にいえば，法律によって毎年作成することが義務づけられているからです。会社法では，計算書類の作成を毎年義務づけています。また，金融商品取引法では，財務諸表の作成を毎年義務づけています。以下，会社法と金融商品取引法において，計算書類や財務諸表の作成がどのように毎年義務づけられているのかについて説明していきます。ちなみに，このような法制度に基づいて行われる企業会計は，**制度会計**と呼ばれています。

2．会社法会計

　会社法とは，2005年6月に制定され，翌年5月1日から施行された法律です。会社法は会社形態をとる全企業に対して適用される法律です。ここでいう会社形態には，合名会社，合資会社，合同会社，株式会社があります。そのなかでも特に株式会社に関しては，詳細かつ厳格な規定を

設けています。会社法ならびに会社法施行規則，会社計算規則，電子公告規則に基づいて行われる会計は，会社法会計と呼ばれています。特に会計に関係のある会社計算規則は，会社の計算に関する事項について，必要な事項を定めることを目的としています（1条）。会社法会計の目的は，会社法の目的でもある株主および債権者の保護，それらの利害調整にあります。以下，これらの点について，詳しく説明していきます。

（1）計算書類の作成

会社法では，会計帳簿の作成および保存に関して，次のように規定しています。

> 第432条　株式会社は，法務省令で定めるところにより，適時に，正確な会計帳簿を作成しなければならない。
> 　　2　株式会社は，会計帳簿の閉鎖の時から10年間その会計帳簿及びその事業に関する重要な資料を保存しなければならない。

ここでいう「法務省令」とは，会社法の下位規定である会社計算規則を指します。このように，会社法では会計帳簿の作成については適時性と正確性，また会計帳簿の保存については期間とその根拠となる資料の確保を義務づけています。

さらに，会社法では計算書類等の作成および保存に関して，次のように規定しています。

> 第435条　株式会社は，法務省令で定めるところにより，その成立日における貸借対照表を作成しなければならない。
> 　　2　株式会社は，法務省令で定めるところにより，各事業年度に係る計算書類及び事業報告並びにこれらの附属明細書を作成しなければならない。
> 　　3　計算書類及び事業報告並びにこれらの附属明細書は，電磁的記録をもって作成することができる。
> 　　4　株式会社は，計算書類を作成した時から10年間，当該計算書類及びその附属明細書を保存しなければならない。

上記のように，会社法では計算書類等の作成については，貸借対照表をその中心に位置づけ，1年毎，また計算書類等の保存については期間を義務付けています。

しかしながら，会計帳簿ならびに計算書類等を具体的に作成するうえでの前提として定められていることは，次のように規定しているのみです。

> 第431条　株式会社の会計は，一般に公正妥当と認められる企業会計の慣行に従うものとする。

また，上記に関連して，会社計算規則では次のように規定しています。

> **第3条** この省令の用語の解釈及び規定の適用に関しては，一般に公正妥当と認められる企業会計の基準その他の企業会計の慣行をしん酌しなければならない。

　ここでいう「一般に公正妥当と認められる企業会計の慣行」は，英語でGenerally Accepted Accounting Principles，略してGAAPと呼ばれています。「一般に公正妥当と認められる企業会計の慣行」には，企業会計審議会によって公表された「企業会計原則」，企業会計基準委員会（ASBJ：Accounting Standards Board of Japan）によって公表された「企業会計基準」，「企業会計基準適用指針」，「実務対応報告」，日本公認会計士協会（JICPA：The Japanese Institute of Certified Public Accoun-tants）によって公表された「実務指針」などがあります。

　つまり，会社法では会計帳簿と計算書類の作成に関しては独自の基準をもっているわけではなく，それらの具体的な作成基準としての役割については「一般に公正妥当と認められる企業会計の慣行」に基づくと規定するに留めています。

（2）計算書類の開示方法

　第1節の4項で説明したように，所有と経営の分離が進んだ株式会社では，経営に直接携わる経営者と経営に直接携わらない不在株主との間には，情報の非対称性が存在します。

　そのため，株式会社における株主が，株主総会の場において，経営者による経営の是非をもとに留任や解任，あるいは今後に関わる重要な経営方針の決定に何らかの意思決定をするためには，株主総会に先立って企業の経営状態について知っておく必要があります。このような役割を果たすことができるように，会社法では計算書類の公開を義務づけています。

　会社法では，計算書類の開示方法として3つの方法をあげています。まず1つ目の方法について，会社法では以下のように規定されています。

> **第437条** 取締役会設置会社においては，取締役は，定時株主総会の招集通知に際して，法務省令で定めるところにより，株主に対し，取締役会の承認を受けた計算書類及び事業報告を提供しなければならない。

　この方法は，株主に計算書類を直接送付するため，**直接開示**と呼ばれています。この計算書類は，事前に公認会計士または監査法人からなる会計監査人による監査を受けなければなりません。ちなみに，取締役設置会社とは，取締役会を置かなければならない会社であり，上場会社のような株式の譲渡制限の定めのない公開会社などを指します。また，ここでいう法務省令とは，会社法の下位規定である会社計算規則を指します。

次に 2 つ目の方法について，会社法では以下のように規定されています。

第442条　株式会社は，次の各号に掲げるものを，当該各号に定める期間，その本
　　　　店に備え置かなければならない。
　　　一　各事業年度に係る計算書類及び事業報告並びにこれらの附属明細書
　　　　　定時株主総会の日の一週間前の日から五年間。
　　2　株式会社は，次の各号に掲げる計算書類等の写しを，当該各号に定め
　　　る期間，その支店に備え置かなければならない。
　　　一　前項第一号に掲げる計算書類等
　　　　　定時株主総会の日の一週間前の日から三年間。

　この方法は，本店および支店に計算書類またはその写しを備え置くため，**間接開示**と呼ばれています。

　そして 3 つ目の方法について，会社法では以下のように規定されています。

第440条　株式会社は，法務省令で定めるところにより，定時株主総会の終結後遅
　　　　滞なく，貸借対照表（大会社にあっては，貸借対照表及び損益計算書）を
　　　　公告しなければならない。
　　2　前項の規定にかかわらず，その公告方法が第939条第 1 項第1号又は第2
　　　号に掲げる方法である株式会社は，前項に規定する貸借対照表の要旨を
　　　公告することで足りる。

　この方法は，貸借対照表と損益計算書を広く一般に知らせるため，**公告**と呼ばれています。第939条第 1 項第 1 号又は第 2 号に掲げる方法とは，官報または時事を取り扱う日刊紙に掲載するという 2 つの方法を指しています。ちなみに，大会社とは資本金 5 億円以上，あるいは負債総額200億円以上の会社のことです。

　さらに，会社法では以下のように規定されています。

第440条 3　前項の株式会社は，法務省令で定めるところにより，定時株主総会の
　　　　終結後遅延なく第1項に規定する貸借対照表の内容である情報を，定時株
　　　　主総会の終結の日後5年を経過する日までの間，継続して電磁的方法によ
　　　　り不特定多数の者が提供を受けることができる状態に置く措置をとるこ
　　　　とができる。この場合においては，前2項の規定は，適用しない。
　　4　金融商品取引法第24条第1項の規定により有価証券報告書を内閣総理大
　　　臣に提出しなければならない株式会社については，前3項の規定は適用し
　　　ない。

　上記のように，電磁的方法による公告も認められています。この方法による場合は，貸借対照表の要旨ではなく，貸借対照表（大会社の場合，貸借対照表と損益計算書）を公告しなければならないとされています。なお，**有価証券報告書**を内閣総理大臣に提出している株式会社については，公告を行う必要がないことから，近年では時事を取り扱う日刊紙上で公告する株式会社は少なくなってきています。

　以上のことから，会社法会計では株主を保護するために，情報提供機能を果たしているといえます。

（3）分配可能額の計算

　第1節の5項で説明したように，株式会社において株主と債権者は利害対立関係にあります。そのため，会社法会計の目的には両者の利害調整を行うことが含まれています。このような調整を要する利害の対立は，特に配当の金額を決定する際に顕著に現れます。第2節の2項でも触れましたが，株式会社において必要以上に配当を行えば，株主の利益は確保できますが，債権者の利益を損ねてしまいます。そのため会社法では，分配可能額を計算する方法を厳格に規定しています。具体的には，第461条の2項から導き出される以下の算定式により計算することができます。

> 分配可能額＝剰余金の額－自己株式の帳簿価額－最終事業年度の末日後に自己株式を処分した場合の対価の額－法務省令で定める合計額

　このような規定に基づいて，株主と債権者の利害が調整され，ひいては債権者も保護されることになります。

3．金融商品取引法会計

　先ほどの会社法における計算書類の開示方法についていえば，株主という立場のもと，インカム・ゲインを目的として株式を保有し続ける場合であれば情報として事足りるといえるかもしれません。しかしながら，キャピタル・ゲインを目的に株式の売買を行うような投資者，あるいは株式を購入しようと考えている潜在的株主にとって，情報としては決して有用とはいえません。彼らにとっては，金融商品取引法の開示制度による情報が役立つものとなります。

　金融商品取引法は，以前の証券取引法が改正される形で2006年6月に成立し，翌年9月30日から施行された法律です。金融商品取引法では，その目的を次のように規定しています。

> 第1条　この法律は，企業内容等の開示の制度を整備するとともに，金融商品取引業を行う者に関し必要な事項を定め，金融商品取引所の適切な運営を確保すること等により，有価証券の発行及び金融商品等の取引等を公正にし，有価証券の流通を円滑にするほか，資本市場の機能の十全な発揮による金融商品等の公正な価格形成等を図り，もつて国民経済の健全な発展及び投資者の保護に資することを目的とする。

　このように，金融商品取引法は投資者保護を目的としています。また，企業内容等の開示の制度を整備することも目的に掲げています。会社法がすべての企業に適用されるのに対して，金融商品取引法は上場会社だけに適用されるという違いがあります。金融商品取引法，金融商品取引法施行令，企業内容等の開示に関する内閣府令に基づいて行われる会計は，金融商品取引法会計と呼ばれています。以下，金融商品取引法に基づいて，どのように投資者が保護されているのかを説明していきます。

（1）企業内容等の開示制度

　有価証券の募集または売出しについて，金融商品取引法では次のように規定されています。

> 第4条　有価証券の募集又は有価証券の売出しは，発行者が当該有価証券の募集又は売出しに関し内閣総理大臣に届出をしているものでなければ，することができない。
>
> 第5条　有価証券の募集又は売出しに係る届出をしようとする発行者は，その者が会社である場合においては，内閣府令で定めるところにより，次に掲げる事項を記載した届出書を内閣総理大臣に提出しなければならない。

　有価証券の募集とは，新たに発行される有価証券の取得の申込みの勧誘のことです。また，有価証券の売出しとは，すでに発行された有価証券の売付けの申込み，あるいはその買付けの申込みの勧誘のことです。なお，「内閣府令」とは，企業内容等の開示に関する内閣府令のことで，企業内容等の開示を行ううえでの具体的な方法が規定されています。

　新たに1億円以上の有価証券を募集または売出しを行う場合には，**有価証券届出書**を内閣総理大臣に提出されなければなりません。この届出書には，当該募集または売出しに関する事項，当該会社の商号，当該会社が属する企業集団および当該会社の経理の情報などが記載されています。さらに，有価証券届出書に記載されている内容のうち，たとえば有価証券の発行者名，事業内容，資本構成，財務諸表，発行総額などといった投資判断にきわめて重要な影響を及ぼすと思われる事項について記載した**目論見書**を作成しなければなりません。目論見書について，金融商品取引法では次のように規定されています。

> 第2条10　この法律において「目論見書」とは，有価証券の募集若しくは売出しの
> ために当該有価証券の発行者の事業その他の事項に関する説明を記載す
> る文書であって，相手方に交付し，又は相手からの交付の請求があった
> 場合に交付するものをいう。

このように，当該有価証券の購入を考えている投資者が明らかな場合，あるいは投資者から交付の請求があった場合には，目論見書を直接交付しなければなりません。

次に，有価証券を発行済みであり，当該有価証券が上場または店頭登録されている場合には，有価証券報告書を作成する必要があります。有価証券報告書について，金融商品取引法では次のように規定されています。

> 第24条　有価証券の発行者である会社は，その会社が発行者である有価証券が次に
> 掲げる有価証券のいずれかに該当する場合には，内閣府令で定めるところ
> により，事業年度ごとに，当該会社の商号，当該会社の属する企業集団及
> び当該会社の経理の状況その他事業の内容に関する重要な事項その他の
> 公益又は投資者保護のため必要かつ適当なものとして内閣府令で定める
> 事項を記載した報告書（以下「有価証券報告書」という。）を，内国会社に
> あっては当該事業年度経過後3月以内に内閣総理大臣に提出しなければなら
> ない。

しかしながら，株式の売買を短期的に繰り返し，キャピタル・ゲインを得ることを期待する投資者にとっては，有価証券報告書のような事業年度ごとの情報開示では満足できないでしょう。そのような投資者に対しては，適時に情報開示が行われる必要がありました。そこで，**四半期報告書**が作成されるようになりました。四半期報告書について，金融商品取引法では次のように規定されています。

> 第24条の4の7　上場会社等は，その事業年度が3月を超える場合は，内閣府令で
> 定めるところにより，当該事業年度の期間を3月ごと区分した各期間ごとに，
> 当該会社の属する企業集団の経理の状況その他の公益又は投資者保護のた
> め必要かつ適当なものとして内閣府令で定める事項（以下この項において
> 「四半期報告書記載事項」という。）を記載した報告書（以下「四半期報告
> 書」という。）を，当該各期間経過後45日以内の政令で定める期間内に，内
> 閣総理大臣に提出しなければならない。

内閣総理大臣に提出された有価証券届出書，有価証券報告書，四半期報告書は，財務局や証券取引所などに備え置かれ，公衆の縦覧に供しなければならないとされています（25条1項）。つ

まり，有価証券報告書等には財務諸表が含まれているため，上場会社については少なくとも 3 カ月ごとに財務諸表が一般に公開される仕組みがあることになります。

　かつては有価証券報告書を入手するために，大型書店等で有価証券報告書がまとめられた『有価証券報告書総覧』を購入する必要がありました。しかし，現在では電子データ形式で有価証券報告書等の提出が義務づけられているため（2008 年 4 月 1 日以降，財務諸表部分を XBRL 形式での提出が義務化されました），インターネットに接続できる環境があれば，**金融商品取引法に基づく有価証券報告書等の開示書類に関する電子開示システム**（EDINET : Electronic Disclosure for Investors' NETwork）にアクセスすることで手軽に閲覧できるようになりました。

　これまで，金融商品取引法における開示制度について説明してきましたが，有価証券報告書等に含められて開示される財務諸表の作成方法については，どのように規定されているのでしょうか。財務諸表の具体的な作成方法について，金融商品取引法では次のように規定しているのみです。

> 第193条　この法律の規定により提出される貸借対照表，損益計算書その他の財務
> 　　　　計算に関する書類は，内閣総理大臣が一般に公正妥当であると認められる
> 　　　　ところに従って内閣府令で定める用語，様式及び作成方法により，これを
> 　　　　作成しなければならない。

　ここでいう「一般に公正妥当と認められるところ」とは，会社法の「一般に公正妥当と認められる企業会計の慣行」と同様で会計帳簿の作成基準を意味しており，英語でいえば GAAP になります。これには「企業会計原則」，「企業会計基準」，「企業会計基準適用指針」，「実務対応報告」，「実務指針」などがあります。また，「内閣府令で定める用語，様式及び作成方法」とは，財務諸表および連結財務諸表の表示基準を意味しており，内閣府令の「財務諸表等の用語，様式及び作成方法に関する規則」（以下，財務諸表等規則）および「連結財務諸表の用語，様式及び作成方法に関する規則」（以下，連結財務諸表規則），金融庁によって公表された「財務諸表等規則ガイドライン」および「連結財務諸表規則ガイドライン」，国際会計基準審議会（IASB : International Accounting Standards Board）によって公表された「国際財務報告基準（IFRS : International Financial Reporting Standards）」および「国際会計基準（IAS : International Accounting Standards）」などがあります。このように今日では，会社法会計のもとで作成される計算書類と金融商品取引法会計のもとで作成される財務諸表は，実質的に同じ内容になっています。

（2）連結決算導入の経緯

　最後に，連結財務諸表について簡単に説明しておきます。今日において，大企業であれば，数多くの子会社を支配下において企業グループとして事業活動を行っている場合がほとんどでしょう。特に，子会社の支配を本業とする純粋持株会社であれば，その親会社は事業活動を行っていません。そのため，親会社単独の経営状態を反映した財務諸表（これを**個別財務諸表**といいます）だけでは，投資者にとって有用な情報にはなりえないのです。そこで，企業グループ全体の経営

状態を適切に反映した財務諸表が作成されるようになりました。このように，企業グループ全体を１つの単位として考えて作成された財務諸表のことを**連結財務諸表**といいます。金融商品取引法における連結財務諸表には，連結貸借対照表，連結損益計算書および連結包括利益計算書（または連結損益及び包括利益計算書），連結キャッシュ・フロー計算書，連結株主資本等変動計算書，連結附属明細表が含まれます。

　また，会社法においても大会社かつ金融商品取引法上の有価証券報告書の提出義務がある企業に対して，**連結計算書類**の作成が義務づけられています。連結計算書類には，連結貸借対照表，連結損益計算書，連結株主資本等変動計算書，連結注記表が含まれます。

　わが国では，1975年６月に企業会計審議会が「連結財務諸表の制度化に関する意見書」および「連結財務諸表原則」を公表し，連結財務諸表が有価証券報告書等に添付され，公認会計士または監査法人による監査証明が義務化されました。1990年12月には「連結財務諸表規則」および「企業内容の開示等に関する省令」が改正され，連結財務諸表が有価証券報告書等それ自体に組入れられることになりました。そして，1997年６月に企業会計審議会が「連結財務諸表制度の見直しに関する意見書」を公表し，個別ではなく連結を中心とする開示へ転換しました。さらに，1998年３月に企業会計審議会が「連結キャッシュ・フロー計算書等の作成基準」を公表し，連結財務諸表が主たる財務諸表と位置づけられたうえで，連結キャッシュ・フロー計算書の作成が義務づけられ，有価証券報告書等に含まれることになりました。その後，2005年12月に企業会計基準委員会が「株主資本等変動計算書に関する会計基準」を公表したことによって，連結株主資本等変動計算書が連結財務諸表に含まれることになりました。そして，2010年６月に企業会計基準委員会が2008年12月に公表していた「連結財務諸表に関する会計基準」を改正すると同時に，「包括利益の表示に関する会計基準」を公表したことによって，連結損益計算書に追加する形での連結包括利益計算書の作成，あるいは連結損益及び包括利益計算書の作成が義務づけられ，現在のような連結財務諸表が作成されるようになりました。

─── 練 習 問 題 ───

問題１－１

　株式会社とは，どのような特徴をもった組織なのかを説明しなさい。

問題１－２

　財務会計の社会的機能について説明しなさい。

問題１－３

　制度会計とは何かについて説明しなさい。

問題1－4

会社法会計の目的について説明しなさい。

問題1－5

金融商品取引法会計の目的について説明しなさい。

◆ 参考文献 ◆

［1］ 新井清光・川村義則『新版現代会計学（第3版）』中央経済社, 2020年。

［2］ 石川鉄郎『財務会計論（3訂版）』税務経理協会, 2013年。

［3］ 上野清貴『財務会計の基礎（第5版）』中央経済社, 2018年。

［4］ 大塚久雄『株式会社発展史論』岩波書店, 1969年。

［5］ 片野一郎訳『リトルトン会計発達史（増補版）』同文舘, 1995年。

［6］ 田中建二『財務会計入門（第5版）』中央経済社, 2018年。

［7］ 永野則雄『ケースでまなぶ財務会計（第8版）』白桃書房, 2018年。

第2章　会計原則と会計基準

第1節　会計基準の役割

1．会計原則が形成されるまで

　企業の財務諸表は，現代社会において大変重要な役割を担っています。その代表的な役割が，経営者・株主・債権者間の**利害調整機能**と，資本市場への**情報提供機能**にあります。さまざまな利害関係者は，財務諸表を信頼して各種の契約を交わし，ときにその企業の株式を購入するものの，この財務諸表が適切に作成されていなかったとしたらどうなるでしょうか。もっといえば，適切かどうかを判断する尺度は何なのでしょう。

　財務諸表は，さまざまな利害関係者の意思決定の材料として使用されます。もし財務諸表の内容が企業の実態を適正に反映していなければ，それを信じて経済活動を行う人々は多大な負の影響を受けます。したがって，財務諸表は企業の実態を適正に表示していてこそ，公表する意味が生まれます。ただ，財務諸表は，かつては，どの企業も独自の方針に従って作成されていた時代がありました。帳簿記録についても，まさに慣習に従って行われていました。

　財務諸表が及ぼす経済的影響がそれほど大きくなければ，各企業が独自の方針に従って作成していたとしても，それほどの問題にはなりません。だが，資本市場の規模も企業の経済的な規模も，その影響も，あまりに大きくなってしまうと，独自の方針に従って作成された財務諸表は意味をもちません。なぜなら，その財務諸表が虚偽や不正のもとで作成されていたとして，それが企業の実態を表していないと訴えたとしても，その判断の柱となるものがない状態では何も言えません。かくして，各企業独自の方針ではなく，社会全般で広く通用する会計基準が必要とされるようになったのです。

　それぞれの企業がそれまでに行われてきた会計慣習から，帰納的に導出した会計行為の指針たる規範，すなわち具体的な実践規範の体系として会計基準が生まれてきました。長年にわたって培われ熟成されてきた会計慣行を「蒸留」したものと表現されることもあります。それが，20世紀中期にアメリカ合衆国において，「**一般に認められた会計原則**（GAAP: Generally Accepted Accounting Principles）」が生まれてきた頃の状況です。そこで，アメリカ合衆国において会計基準が生まれた歴史を少し振り返ってみます[1]。

　アメリカ合衆国では，1929年10月24日に起こったブラック・マンデーとそれを契機に始まった大恐慌によって，すべての企業が共通して利用するような会計基準の必要性が強く求められました。大恐慌は，ほとんどの投資者が有する株式が紙くずになってしまった恐ろしい事件でした。

その当時の投資者は企業が自発的に公表する財務諸表を，何の基準にも従わずに評価し，投資を行っていたのです。大恐慌によって資本市場が崩壊したときに，初めて統一した会計原則の必要性が認識されたのです。

翌年1930年になり，ジョージ・オリバー・メイ（G.O. May）を委員長とする米国公認会計士協会（AIA：American Institute of Accountants）の特別委員会は，ニューヨーク証券取引所（NYSE：New York Securities Exchange）の株式上場委員会と共同作業に着手し，財務情報開示の改善を目指しました。1932年から1934年にかけてAIAとNYSEの両委員会の交換書簡で，AIAの特別委員会は，初めて「一般に認められた会計原則」という用語を使用し，基本的な原則が明示化されました。この議論をきっかけに，GAAPについての議論がより広がりをもつようになったようです。

会計基準についての議論が進められていくのと平行して，1933年に株式発行時の投資者保護を規定する「証券法（Securities Act）」が成立し，1934年には株式流通に関する投資者保護に関する「証券取引所法（Securities Exchange Act）」も成立しました。米国証券取引委員会（SEC：Securities Exchange Commission）は，1934年証券取引所法によって設置されましたが，一般に認められた会計基準の作成と公表については，民間の会計基準設定団体に任されたのです。

1938年には，AIAの委嘱を受けたサンダース，ハットフィールドとムーアの3人の教授がまとめた「SHM会計原則（A Statement of Accounting Practices）」が出版されました。これがGAAPといわれるものの端緒となりました。一方，米国会計学会（AAA：American Accounting Association）の委嘱を受けてペイトン教授とリトルトン教授は，1940年，共著『会社会計基準序説（An Introduction to Corporate Accounting Standards）』を出版し米国会計界に多大な影響を与えました。この二つの文献を基に，会計基準設定の気運が高まりました。その後，AIA内に設けられた会計手続委員会（CAP：Committee on Accounting Procedure）が作成した会計基準を，SECが容認したことによって，初めて権威ある会計基準設定機関によって設定された会計基準が生まれたのです。

2．会計基準の果たす役割

では，具体的に会計基準の役割とはいったいなんでしょう。一言でいえば，財務諸表を評価するための社会的コストの削減であると思われます。どの企業も共通の規範に従って，財務諸表を作成・公表していれば，その財務諸表が適正か否かについての確認が容易になります。ではどうして，財務諸表が適正かどうかを気にしなければならないのでしょう。

財務諸表は一般に，複式簿記に従って作成されています。複式簿記のルールはきわめて緻密で，一見するととことん客観的で操作の余地はまるでないかのように勘違いされることがあります。しかし，第3章以下で詳述されるように，財務諸表の作成には，作成者の恣意性や主観的判断が入り込む余地は大いにあります。この恣意性や主観的な判断，経営者の個人的動機などから，利益を意図的に増加させたり減少させたりすることが，財務諸表の作成上は可能です。

たとえば，経営者が資金調達を考えた場合，投資者に業績がよいことを示して株価向上を企図するでしょう。財政状態がよければ，金融機関からの借り入れも見込めるし，社債を発行して市

場から直接の資金調達も考えるでしょう。資金調達という側面だけでなく，経営者個人の自発的動機から，利益増加をはかる可能性もあります。たとえば，自分の経営者としての能力を誇示したいがため，あるいは経営者報酬が業績と連動している場合，報酬額を増加させたいと望む経営者もいるでしょう。この目的を達成するために，次年度の収益を前倒しして当期に計上したり，貸倒引当金繰入額を低く見積もったり，棚卸資産の評価額を意図的に高くして，利益捻出を図る（費用計上を抑える）可能性は大いにありえます。

　反対に，税金を減らそうとしたり，労働組合との交渉を有利に進めようと経営者が考えれば，利益の圧縮を試みるでしょう。当期に計上する必要のない費用を敢えて計上したり，複数年度に渡る処理が可能であるにもかかわらず，当期に一括して費用処理するなどの行為を行うと，費用過大計上による利益圧縮も十分に可能です。

　こうした行為（これを一般に利益調整と呼んでいます）を経営者の自由裁量に任せたままですと，財務諸表が全く信頼のならないものになるでしょう。そこで，株主，債権者，労働者，仕入先，得意先，税務当局，政府官庁，その他さまざまな利害関係者のニーズに応えるために財務諸表の作成と公表についての準拠されるべき社会的規範を設定し，あるべき会計処理の方法について示すことが必要となります。これが会計基準であり，社会的な規範として形成され認知されたものが，GAAPとなるのです。

　会計基準が設定され，その後どの企業にも遵守されるような会計原則へと昇華するためには，権威ある公的機関の後ろ盾が必要です。アメリカでは証券取引委員会，日本では金融庁が会計基準の権威付けに力を貸すのは，資本市場への強制力をもたせるためです。

　会計基準が会計原則として広まっていくことの効用としては，財務諸表の適正性確認のための社会的コスト削減を指摘しましたが，もう少し詳細に考えてみたいと思います。一つに，財務諸表作成に当たっての共通の基準があると，それは経営者に会計処理の秩序を守らせる規範となります。財務諸表監査を行う監査人の監査指針としても役立ちます。もう一つは，財務諸表作成に当たっての規範に従って会計処理を行うと，財務諸表作成者の混乱を抑えられるのと共に，財務諸表利用者の財務諸表そのものの理解を高めるのにも役立ちます。

3．日米の会計原則の設定

　その後アメリカでは，どのように会計原則が設定されるようになったのでしょう。アメリカでは当初，アメリカ公認会計士協会が積極的に会計原則制定に関わっていました。アメリカ最初の会計基準設定機関である会計手続委員会が制定した「会計研究広報（ARB：Accounting Release Bulletins）」，その後再び公認会計士協会内に設立された会計原則審議会（APB：Accounting Principles Boards）が設定したAPB意見書などが，会計原則としてアメリカ内で利用されていきました。

　しかし，公認会計士協会内に設立されたことから，どうしても基準内容が企業寄りとの批判から免れることはできませんでした。実際，会計原則の設定過程は，さまざまな利害関係者間の利害調整の場となります。そこで，さまざまな利害関係者にとって中立な会計原則が必要となりました。やがて，会計原則設定を，独立の機関によって行わせるという議論が，生まれました。こ

うして1974年に設立された**財務会計基準審議会**（FASB；Financial Accounting Standards Board）」は，**財務会計基準書**（SFAS；Statement of Financial Accounting Standards）という会計原則を制定し，現在に至っております⁽²⁾。

わが国の会計原則の設定もまた，第一次世界大戦後の急速な需要不足を原因とする不況を契機とした産業構造の変革を目的として行われました。当時の商工省臨時産業合理局・財務管理委員会が設定した「財務諸表準則」（1930），「財産評価準則」（1936），「製造工業原価計算準則」（1937）と，会計原則の原型ともいうべきさまざまな会計基準が，戦時下にいくつか生まれています。もっとも，こうした会計原則は，政府による軍需品の買上価格を決定するための基礎資料作成のためか，もしくは一種の啓蒙的な役割を持つに過ぎないものでした。

アメリカの会計諸原則のように，投資者保護を目的とした財務報告制度の一翼を担う会計原則を設定しようという議論が生まれ，実際に会計原則が設定されたのは，第二次世界大戦後のアメリカによる軍事統治下のころです。アメリカの会計原則を参考に，1949年経済安定本部・企業会計制度対策調査会（現在の金融庁企業会計審議会の前身）が公表した「**企業会計原則**」が，わが国最初の本格的会計原則です。

企業会計原則は，その前文にもあるように，戦後の経済再建を目的に，外資の導入，企業の合理化，課税の公正化，証券投資の民主化，産業金融の適正化等の合理的な解決のために必要な企業会計制度統一のための重要な支柱となることを期待されたのでした。企業会計原則はわが国の会計実務において，多大なる貢献をしてきました。具体的にいうと，次の三点が上がるでしょう。第一に，企業が財務諸表を作成する際の基準としての役割です。新たな実務が生まれ，その度に企業会計原則は改定が進められていったことから，企業の財務諸表作成担当者の作成指針として，企業会計原則は貢献してきました。第二に，監査人が財務諸表を監査する際の基準としての役割です。財務諸表が適正であるかどうかを検査・確認する手続きを一般に「会計監査」といいますが，その財務諸表の適否を監査人らが判断するときの基準として企業会計原則は貢献してきました。第三に，企業会計に関するさまざまな法律の規準としての役割です。企業会計に関連する会社法や法人税法などが制定もしくは改廃されるときにも，主要な規準として，企業会計原則は貢献してきました。

企業会計審議会は発足以来，企業会計原則の改正や企業会計原則の補足のための諸会計基準，意見書を公表してきました。その主要なものを以下に挙げます。括弧の中は発表および改正年です。

- 企業会計原則・注解（1949，1954，1963，1974，1982年）
- 原価計算基準（1962年）
- 企業会計原則と関係諸法令との調整に関する連続意見書（1950年）
- 連結財務諸表原則・注解（1975，1982，1998年）
- 中間財務諸表作成基準・注解（1977，1982，1998年）
- 中間連結財務諸表作成基準・注解（1998年）
- 外貨建取引等会計処理基準・注解（1979，1983，1995，1999年）
- リース取引に係る会計基準・注解（1993年）

- ●連結キャッシュフロー計算書等の作成基準・注解（1998年）
- ●研究開発費等に係る会計基準・注解（1998年）
- ●退職給付に係る会計基準・注解（1998年）
- ●税効果会計に係る会計基準・注解（1998年）
- ●金融商品に係る会計基準・注解（1999年）
- ●固定資産の減損に係る会計基準・注解（2002年）
- ●企業結合に係る会計基準・注解（2003年）

　この一覧を見て気づかれることがあると思います。1998年以降公表された会計基準がずいぶん多くなっています。1998年以降行われた急激な会計制度改革のことを，その頃に行われた金融制度改革の通称「金融ビッグバン」になぞらえて，「会計ビッグバン」と呼びます。

　一方で，「企業結合に係る会計基準」が公表されて以降，会計基準の設定という役割は，企業会計審議会から，民間団体の企業会計基準委員会という機関に一任されております。会計ビッグバンと近年の会計基準設定プロセスについては，第3節で説明します。

第2節　企業会計原則と概念フレームワーク

1．一般原則について

　戦後の経済復興を進める中で，資本市場の再建は急務でした。一方で，適正な会計情報に基づいた資本取引を行うために，一般に認められた会計原則が求められ，企業会計原則制定に至ったのです。企業会計原則制定以降もさまざまな会計基準が作成・公表されましたが，その根底にはつねに企業会計原則の存在がありました。ここでは企業会計原則の基本理念を表した一般原則について見ていきます。

　企業会計原則の一般原則は，以下の7つの原則からなります。①真実性の原則，②正規の簿記の原則，③資本取引と損益取引区別の原則，④明瞭姓の原則，⑤継続性の原則，⑥保守主義の原則，⑦単一性の原則，そして一般原則には含まれないが準じるものとして重要性の原則があります。

　最初に**真実性の原則**についてです。

　「企業会計は，企業の財政状態及び経営成績に関して，真実な報告を提供するものでなければならない。」

　財務諸表は企業の真実な実態を反映せねばならないという理念を表したものです。ここでいう「真実」とは，あくまで会計における議論であり，会計上の真実は一つではないという意味です。会計手続の過程では，さまざまな面において主観的な判断や決定を必要とするからです。それゆえ，会計における真実は「相対的真実」といわれます。

　続いて**正規の簿記の原則**についてです。

　「企業会計は，すべての取引につき，正規の簿記の原則に従って，正確な会計帳簿を作成しなければならない。」

　正規の簿記とは何かについては，さまざまな議論はあります。ただ，今日ではこの原則の基本

的な意味としては，複式簿記を前提とした帳簿組織から正確に財務諸表が作成されるべきというものです。

続いて**資本取引と損益取引区別の原則**です。

「資本取引と損益取引とを明瞭に区別し，特に資本剰余金と利益剰余金とを混同してはいけない。」

この原則は，期間損益計算の基本的な考え方であり，会計計算上最も重要な原則と考えられます。その意味としては，資本取引から生じた資本剰余金と損益取引から生じた利益剰余金を区別することによって，企業の基盤である資本と資本運用の結果得た利益は区別するというものです。この原則が徹底されないと，資本として企業活動に使用されなければならない利益が，配当として流出してしまう危険性が生まれます。

明瞭性の原則は，次の通りです。

「企業会計は，財務諸表によって，利害関係者に対し必要な会計事実を明瞭に表示し，企業の状況に関する判断を誤らないようにしなければならない。」

明瞭性の原則とは，基本的に会計報告は明瞭に行わなければならないとする原則である。このことから，別名「ディスクロージャーの原則」とも呼ばれます。ただし，詳細に過ぎるデータを作成・開示することは，かえって明瞭性を損なう危険性も同時に認識しておく必要があるでしょう。

継続性の原則については次の通りです。

「企業会計は，その処理の原則及び手続を毎期継続して適用し，みだりにこれを変更してはならない。」とあります。1つの事象に対して複数の会計処理法が認められているような場合，いったん採用した手続きを，各期間にわたって継続的に適用することを求めたものです。この原則は，期間ごとに異なる会計処理を実施することで，経営者による利益操作が行われるのを防ぐことを求めた会計原則です。経営者の利益操作を防ぐとともに，財務諸表の比較可能性を確保しようというものです。とはいえ，すべての会計方針を常に遵守することを求めたものではないと，通常は理解されます。もし，ある会計事実に適用する会計手続について，現行のものよりも適切な会計処理があれば，そちらに変更した方がよいと考えられます。

続いて，**保守主義の原則**が挙げられます。

「企業の財政に不利な影響を及ぼす可能性がある場合には，これに備えて適当に健全な会計処理をしなければならない。」

保守主義の原則とは，不確実な収益計上は回避する一方で，費用や損失はできる限り早めに計上しようというものです。ただし，利益の過小計上を勧めた原則ではありません。あくまで慎重な会計処理を求めた会計原則であることから，慎重性の原則ともいわれることがあります。

続いて**単一性の原則**ですが，次の通りです。

「株主総会提出のため，信用目的のため，租税目的のため等種々の目的のために異なる形式の財務諸表を作成する必要がある場合，それらの内容は，信頼しうる会計記録に基づいて作成されたものであって，政策の考慮のために事実の真実な表示をゆがめてはならない。」というものです。

つまり，財務諸表の基礎となる帳簿は一つに限定されるというものです。

重要性の原則は，企業会計原則注解の1に掲げられています。その前段を以下に記載します。

　「企業会計は，定められた会計処理の方法に従って正確な計算を行うべきものであるが，企業会計が目的とするところは，企業の財務内容を明らかにし，企業の状況に関する利害関係者の判断を誤らせないようにすることにあるから，重要性の乏しいものについては，本来の厳密な会計処理によらないで他の簡便な方法によることも正規の簿記の原則に従った処理として認められる。」

　この後，重要性の原則の適用例として，消耗品や消耗工具器具備品や，未払費用や前払費用のような経過勘定項目，引当金などで金額がそれほど大きくなく，重要性に乏しいものは支出段階で一括して費用や収益として処理することを容認しております。金額としてあるいは内容としても重要性の乏しいものについては，全体への影響を踏まえ省略が認められるというのが重要性の原則の根底にあります。ただし，過度の簡略化を勧める原則というわけではないことに注意が必要です。

2．会計原則設定へのアプローチ

　会計基準はそれぞれの企業がそれまでに行われてきた会計慣習から，帰納的に導出した会計行為の指針たる規範，すなわち具体的な実践規範の体系として生まれてきたものです。長年にわたって培われ熟成されてきた会計慣行を「蒸留」したものと表現されることもあります。

　企業会計原則が採用していたアプローチは，**帰納的アプローチ**といえるものです。帰納的アプローチとは，まず実際に行われている会計処理のさまざまな方法を観察し，その結果から共通する手続や，一般的な手続となるものを抽出して会計原則とするものです。これとは対照的に，まず会計の前提や会計の目的をあらかじめ設定し，これらの前提や目的ともっとも適合する会計処理の方法などを探し出し，会計原則とする**演繹的アプローチ**もあります。どちらが適切かはわかりませんが，これまでの主流は帰納的アプローチであったといえます。

　帰納的アプローチに基づく会計原則は，それまでに主流であった会計処理の方法や手続を尊重することから，実務的な見地からすると受け入れられやすいものといえるでしょう。反面，このアプローチには，以下に示すように，いくつかの短所が見受けられます。第一に，現行実務で用いられている会計処理の方法などを基準化することから，現状実務を追認するようなルールが形成されやすいという点が指摘されます。たとえ，現状の方法が適当でないとしても，それを改善するような会計原則を設定することは，基本的に困難であると考えられます。第二に，先進的な取引や商品が開発されたとしても，十分に対応できないという点も指摘できます。帰納的アプローチは，現状の実務を前提に会計原則を設定するので，新しい取引や事象が生まれたとしても，会計処理の慣習が成熟していないと，これについての基準を設定することはできません。第三に，基準間での整合性が保てないという指摘です。実務的な対応から新しい会計基準が設定されると，どうしても個々の取引や事象に合わせた，場当たり的な基準となり得ます。こうした会計基準が増えてくると，基準同士での理論的な首尾一貫性が失われる可能性が生まれます。

　帰納的アプローチに基づいて設定された会計基準は，容易に受け入れられやすい反面，現状是認的な結果となり得ます。そうなると，複数の処理が認められているような領域では，それぞれ

の会計処理について並列的に容認せざるを得ない状況になり得ます。会計基準の設定いかんによって利益が大きく変動するような場合，政治的な圧力が加わる可能性も否定できません。その一例として，アメリカで起こったストック・オプション会計基準にまつわる騒動が挙げられます。会計基準設定の詳細は省略しますが，この基準を巡り基準設定機関であるFASBと，ストック・オプションを多用するベンチャー企業との間で対立が生まれたことがありました。結果として，FASBは折れ，両論併記という結論でその会計基準は公表されました（現在は新しい会計基準に移行しています）。この例からもわかるように，政治的な圧力が加わることにより，会計処理の標準化や一本化という会計原則設定の趣旨が失われることになり得ることは意外に多いのです。

　このような帰納的アプローチの決定を補うとともに，公正妥当な会計基準を設定するアプローチとして，演繹的アプローチに依拠して会計基準を設定するという方法も考えられます。演繹的アプローチに従って会計原則を設定する場合，①会計の前提となる諸仮定を会計公準として規定し，会計公準に合致するような形で会計原則を設定する方法と，②企業会計（特に財務会計）の基礎にある前提や概念を概念フレームワークとして体系化し，これに合致するような形で会計原則を設定する方法の，2つの方法が考えられます。

　そこで，会計基準の基礎というべき会計公準について，以下では考えます。実際には，会計公準から会計基準を設定するのではなく，会計基準の前提から会計公準を探すアプローチが一般的でした。近年は，世界中の基準設定団体はそれぞれの概念フレームワークを設定し，そこから会計基準を設定していく方向性が見られるようになってきています。

3. 会計公準

　会計公準とは，会計実務において，暗黙のうちに承認されている会計慣習上の基礎前提の中から，もっとも基本的なものとして抽出したものです。ですから，どこまでが基本的な前提になるかは，論者によります。ただ，一般的には①企業実体の公準，②継続企業の公準，③貨幣的測定の公準の3つが，基本的なものと考えられているようです。

① 企業実体の公準

　企業会計の大前提として，どのような組織について会計の記録や計算を行うのか，つまり会計記録の範囲や対象，単位などを特定する必要があります。一般には，法的に独立した企業ごとに会計を行います。このように，会計計算は個々の企業実体を対象として行うとする命題が企業実体の公準です。

　この考え方にたつことによって，初めて事業主の個人的な財産や債務とは別に，企業にとっての資産や負債，純資産が認識されることになり，これらの変動を帳簿に記録するという会計の必要性が生まれるのです。したがって，会計は企業に対して行われるというのが，企業実体の公準から得られる考え方となります。

　一方で，会計を行う企業実体は法的な単位だけに限りません。たとえば，企業を複数の事業部に分けて，独立採算制で経営している企業であれば，個々の部門が会計単位となります。また持ち株会社の傘下にたくさんの子会社が所属する企業集団において作成される連結財務諸表であれば，企業集団全体が1つの会計単位となります。

②　継続企業の公準

　現代の企業は，実際にそうであるかどうかは別として，永久に継続するものと前提されています。確かに，ほとんどの企業は，倒産を予定して企業活動を行ってはいません。かといって，企業の解散時を待って，そのときまでの損益を計算することは，不可能です。そこで，人為的に期間を区切って，その期間の経営成績と財政状態を測定することが，必要となります。このように，企業活動は無限に継続することを前提として，会計計算は期間を区切って行うとする命題を，継続企業の公準と呼びます。

　こうして，人為的に区切られた期間は，会計期間または事業年度と呼ばれます。永遠に継続すると仮定される企業の存続期間を，あえて1年に区切ることは，会計計算を行うためだけではなく，多くの会計原則を支える大きな意味をもっています。

　たとえば，1個80万円する機械を購入し4年間使用し，4年経過後はこの機械を破棄する予定であるとします。このような場合，今日の企業会計は購入価格の80万円を当期の費用として計上するのではなく，使用する4年間にわたってその使用に応じた形で費用として計上します（定額法を利用すると1年間で20万円）。こうした会計処理のことを減価償却といいます。減価償却が可能なのは，来年度も企業があるという継続企業の公準が生きているからです。継続企業の公準があるからこそ，これを前提とした減価償却という処理を規定する会計基準が成り立つのです。

③　貨幣的測定の公準

　企業活動はさまざまな分野に及びますが，会計計算によってその成果を表現するためには，一つの共通の尺度によって測定する必要があります。このために選ばれた尺度こそが，貨幣額です。つまり，貨幣額で表現することによって，企業活動の統一的な測定と報告が可能となります。つまり，会計計算は貨幣額を用いて行うという命題を貨幣的測定の公準と呼びます。

　すべての企業活動を貨幣額で表現するということは，裏を返せば，貨幣額によって表現できないようなものは，それがたとえ企業活動に重要な役割を果たす要素であったとしても，会計計算の対象とはならないという意味です。ですから，企業活動を進めていくために重要な経営者の能力や企業ブランドといったものは，貨幣で測定できないので，会計計算において扱うことはありません。

　このように会計計算の基本的前提として，3つの会計公準を説明しましたが，これはあくまで代表的なものに過ぎません。会計公準は会計原則を体系づけるのに重要な役割を担っています。ただ，どの公準からどの会計原則が導出されるかは，それほど明確ではなく，論者によって説明の仕方も異なります。また1つの公準から複数の会計原則が導かれることもあり，会計公準に首尾一貫する形で会計原則を設定するというのには，無理があるようです。そこで，最近は財務報告の目的や対象，財務報告の諸要素などの重要な項目を最初に規定し，これらの目的や概念規定と整合するような会計原則を制定する動きが世界的に広がっています。これが概念フレームワークと呼ばれるものです。

4．概念フレームワーク

　会計基準間での概念的な首尾一貫性をはかり，かつ，将来に発表される新しい会計基準の理論

的な基礎を形成するために，1978年にアメリカFASBは，財務会計概念書（SFAC：Statement of Financial Accounting Concepts）第1号『企業による財務報告の目的』を発表しました。議論自体はもう少し前の1973年からスタートしていたのですが，そもそものきっかけは，1966年に公表された「**基礎的会計理論**（ASOBAT：A Statement of Basic Accounting Theory)」でした。ASOBATは，1966年にアメリカ会計学会の基礎的会計理論委員会が発表した会計の定義に関わる報告書です。この報告書は，会計の定義として次のように説明しました。

会計とは，情報利用者が状況に精通した上で判断や意思決定が行えるように，経済的情報を確認し，測定し，伝達するプロセスである。

ASOBATが発表されてから12年あまりが過ぎて，SFAC第1号が発行されました。SFAC第1号における財務報告の定義は，ASOBATの影響を強く受けていることがわかります。

財務報告は，現在及び将来の投資者，債権者その他の利用者が合理的な投資，与信，その他の類似した意思決定を行うのに，有用な情報を提供しなければならない。

ASOBATは，会計または財務報告は情報利用者の意思決定に有用情報を提供するシステムであると定義したが，SFACもこの考え方を踏襲していることがわかります。さて，SFACは第1号が発行されてからも，続々と発行され，現在第7号まで公表されております。これらを包括して，現在「概念フレームワーク」と呼ばれ，以降この呼び名が一般的となっております。FASBの概念フレームワークがきっかけとなり，イギリス，カナダ，オーストラリア等においても概念フレームワークが作成され，国際会計基準委員会（IASC；international accounting standards committee）も1989年に『財務諸表の作成・表示に関するフレームワーク』を設定しました。そこで，FASBの概念フレームワークについて簡単に見ていきましょう。

FASB概念フレームワークの構成は，次の通りです。

- 第1号『営利企業の財務報告の目的』（1978年11月，以下発表年月）
- 第2号『会計情報の質的特徴』（1980年5月）
- 第4号『非営利組織の財務報告の目的』（1980年12月）
- 第5号『営利企業の財務諸表における認識と測定』（1984年12月）
- 第6号『財務諸表の構成要素』（1985年12月←3号の改訂）
- 第7号『会計測定におけるキャッシュフロー情報と現在価値の利用』（2000年2月）
- 第8号『財務報告の概念フレームワーク——一般目的財務報告の目的，有用な財務情報の質的特徴—』（2018年8月再改訂）

第1号は，財務報告の目的と財務報告の主たる利用者について検討しています。第2号は，会計情報の質的特徴について，ツリー状のモデルを用いて説明しています。この中で，目的適合性と信頼性（現在は表現の忠実性に変更）が，会計情報の質的特徴の中心となっていることを示しました。第4号は，非営利事業体の財務報告の主たる目的について検討しています。第5号は，財務報告における認識と測定に絞って，その規準と指針について検討しています。第6号は，財務報告において使用される諸要素についての，その定義と要素間の関係と利益計算の意味について説明します。第7号は，会計認識時点における測定に焦点を絞り，諸要素の現在価値とそれを特定する将来キャッシュフローの定義と利用法について説明しています。第8号は第1号と第2号

を改訂することで，一般目的財務報告の目的と質的特徴を包括的に見直した内容となっています。

　わが国でも，数多くの会計基準が公表されるようになってきてから，概念フレームワーク設定の必要性が唱えられてきました。そこで，企業会計基準委員会（ASBJ）は2004年7月に討議資料「財務会計の概念フレームワーク」（以下討議資料）を公表しました。その後，検討を重ね，2006年12月に「財務会計の概念フレームワーク（第2版）」を公表しました。この討議資料は，①財務報告の目的，②会計情報の質的特性，③財務諸表の構成要素，④財務諸表における認識と測定から構成されます。

　まず，財務報告の目的について，討議資料は「投資者による企業成果の予測と企業価値の評価に役立つような，企業の財務状況の開示」と規定します。こうした考え方は，FASB概念フレームワークが最初に掲げた財務報告の目的と，一貫する主張と考えられます。一方で，会計情報の開示は不特定多数を対象とするいくつかの関連諸法規や政府等の規制においても副次的に利用されており，その典型例は，配当制限（会社法），税務申告制度（税法），金融規制（例えば自己資本比率規制，ソルベンシー・マージン規制）などに広がると指摘しています（第1章par.11）。

　会計情報の質的特性では，**意思決定有用性**が会計情報に求められるもっとも基本的な特性と指摘します（第2章par.1）。その上で，意思決定有用性という特性は，意思決定目的に関連する情報であること（**意思決定との関連性**）と，一定の水準で信頼できる情報であること（**信頼性**）の2つの下位の特性により支えられているとしています。さらに，**内的整合性**と**比較可能性**が，それら3者の階層を基礎から支えると同時に，意思決定に有用であることの必要条件として機能するとも規定しています（第2章par.2）。内的整合性は，個々の会計基準が会計基準全体の基本的な考え方と矛盾していないことを意味します（第2章par.9）。比較可能性は，同一企業の会計情報を時系列で比較する場合，あるいは，同一時点の会計情報を企業間で比較する場合，それらの比較に障害とならないように会計情報が作成されていることを要請するものです（第2章par.11）。

　財務諸表の構成要素では，資産と負債の定義から純資産，包括利益の定義を導出し，包括利益とは別に純利益についても定義を定め，純利益と関連させて収益と費用の定義を導出しています（第3章par.1）。討議資料の中で構成要素は，やや難しいですが，それぞれ次のように定義されます。

- 資産とは，過去の取引または事象の結果として，報告主体が支配している経済的資源とされます（第3章par.4）。
- 負債は，過去の取引または事象の結果として，報告主体が支配している経済的資源を放棄もしくは引き渡す義務，またはその同等物としています（par.5）。純資産は資産と負債の差額となります（第3章par.6）。
- 純資産中の株主資本については，純資産のうち報告主体の所有者である株主（連結財務諸表の場合には親会社株主）に帰属する部分としています（第3章par.7）。
- 包括利益とは，特定期間における純資産の変動額のうち，報告主体の所有者である株主，子会社の少数株主，及び将来それらになり得る所有者との直接的な取引によらない部分をいいます（第3章par.8）。
- 純利益とは，特定期間の期末までに生じた純資産の変動額のうち，その期間中にリスクから

　解放された投資の成果であって，報告主体の所有者に帰属する部分をいいます（第3章par.9）。

●収益とは，純利益または少数株主損益を増加させる項目であり，特定期間の期末までに生じた資産の増加や負債の減少に見合う額のうち，投資のリスクから解放された部分をいいます。反対に，費用とは，純利益または少数株主損益を減少させる項目であり，特定期間の期末までに生じた資産の減少や負債の増加に見合う額のうち，投資のリスクから解放された部分をいいます（第3章par.13,15）。

　討議資料はFASBの概念フレームワークのように，資産負債アプローチの採用をあまり明確にしていません。その一方で，上記の説明の中に，あまり一般的ではない用語として，「**投資のリスクからの解放**」という言葉が出てきます。投資のリスクとは，投資の成果の不確定性ということです（第3章par.23）。それ故，投資のリスクからの解放とは，投資の成果が現実のものになったということを指します。従来，実現もしくは実現可能という言葉で説明されていた概念を，投資のリスクからの解放という表現で置き換えたようです。この用語は次の財務諸表における認識と測定の中でも詳述されています。

　財務諸表における認識と測定では，定義を充足した各種構成要素をいつ認識し，それらをどのように測定するのかという問題を取り扱っています。認識については，契約の履行を条件として，それに伴う資産負債の価値変動をもって構成要素を認識すると説明します（第4章par.3）。ただし，各構成要素が財務諸表上での認識対象となるためには，一定水準以上確実という発生可能性（蓋然性）が求められます（第4章par.6）。

　資産や負債の測定について，討議資料は，多様な測定値を取り上げます。しかし，財務報告の目的を達成するためには，投資の状況に応じて多様な測定値が求められるという点から，討議資料はいわゆる時価と原価のどちらかに測定法を統一することは推奨していません（第4章par.53）。いわば，1つの会計数値に対し複数の測定方法の余地を残したといえます（第4章par.54）。また，認識と測定についても，「投資のリスクからの解放」がキーワードとなっています。前述の通り，従来は認識と測定という場面においては，実現概念がその根本にありました。ところが実現という用語は多義的であり，そのいずれか1つの意義では，様々な実態や本質を有する投資について，純利益及び収益・費用の認識の全体を説明するものではないと批判されます。こうした点から，実現に関わるさまざまな状況を包摂的に説明する用語として「投資のリスクからの解放」という表現を用いることとしたとあります（第4章par.58）。

　討議資料は，従来からあるFASBやIASCの概念フレームワークの体系とある程度整合的です。その一方で，内的整合性やリスクからの解放といった独特の表現を用いていたり，「原価or時価」あるいは「資産負債観or収益費用観」という二律背反的なアプローチをできるだけ回避したりと，独自性を出すことにも成功しています。分量も，FASBの概念フレームワークと比べ，かなりコンパクトです。

　しかし，内容的には難解な箇所も多く，その位置づけもやや曖昧です。将来的には，概念フレームワークを国際的に統一させていこうという動きが見られます。この討議資料が我が国の真の概念フレームワークに育っていくかどうかについては，今後の課題となります。

第 3 節　会計ビッグバンと企業会計基準の現状

1．会計ビッグバンとは何か

　1990年代前半にバブルが崩壊してから，資産価格が落ち着いたために，日本の資本市場において外国人投資者が多く見られるようになってきました。もちろん，バブルが崩壊して株価にも割安感が見られたこと以外にもいくつかの理由が挙げられます。一つは，日本企業が世界的な投資戦略の有力な投資先と認められてきたことです。いま一つは，資本市場の条件が世界的に統一されてきて，どの市場に投資してもそれなりのリターンが期待できるようになってきたことであると考えられます。

　各国の資本市場同士の競争に先駆けて，政策的に市場規制のほとんどを撤廃して，外資を導入して金融業を主産業にし，その競争力を高める政策を打ち出したのが，英国でした。英国のサッチャー首相（当時）は，外国からの資本を積極的に取り込み，資本市場を活性化させようと考えました。サッチャー首相は，外国投資者の投資を呼び込むために，大胆な規制緩和に踏み切りました。その後イギリスの金融街に外国の証券会社が多数進出し，テニスの全英オープンに照らして「ウィンブルドン現象」と呼ばれました。これが1986年に行われた「金融ビッグバン」です。

　日本も同様の考えに基づいて大規模な金融制度改革，市場改革に取り組みました。これを日本版「金融ビッグバン」と呼んでいます（今では日本版という枕詞は省かれる方が多いです）。この金融ビッグバンは，当時の橋本内閣が，「フリー・フェア・グローバル」を合言葉に，資本市場の大幅な規制緩和を行った政策の総称です。金融ビッグバンは，証券総合窓口や投資信託窓口の解禁，金融持ち株会社の設立，外国為替の自由化などを実施しました。同時に，どの資本市場でも通用するような会計情報の提供も課題としました。金融ビッグバンの趣旨からすると，市場システムの透明性を高めることと，企業実態の透明性を高めることは，ともに重要な政策課題と見られました。これが会計ビッグバンの直接の要因といえるでしょう。

　1990年代の半ば頃，日本の会計基準は国際会計基準委員会（IASC）が作成・公表する国際会計基準（IAS：International Accounting Standards）と比較して，あまりに相違点が多く，投資者からの強い不信感に直面していました。当時の日本の会計制度のもとでは，取得原価がすべての評価の基本となっていたため，財務報告の透明性にかなりの問題がありました。たとえば，保有する株式の時価が大幅に下がっているにもかかわらず，取得原価での評価が原則だったことから，評価損を一切計上しないといった企業も少なくありませんでした。一方で，SFASやIAS（現在は国際財務報告基準 IFRS：International Financial Reporting Standardsといいます）では金融資産等について，一定の時価評価を取り入れた会計基準がすでに設定済みでした。こうした状況から，国際的に先進的な会計基準を積極的に導入し，会計基準も世界標準に準拠したものへ従うことが求められるようになりました[3]。こうして，会計制度の大改革，会計ビッグバンが実施されたのです。

２．企業会計基準委員会（ASBJ）による会計基準の設定と公表

　会計ビッグバンは，会計基準の大改革にとどまりませんでした。会計基準設定団体そのものの改革にまでその影響が及んだのです。前述の通り，「企業結合に係る会計基準」の設定までは，企業会計審議会がその役割を担っていましたが，現在は2001年に設立された民間団体である**会計基準委員会**（ASBJ）が会計基準の設定と公表を行っています。

　アメリカやヨーロッパでは，会計基準の設定を政府の機関や組織は行っていません。アメリカではFASBがSFASを，ヨーロッパでは国際会計基準審議会（IASB：International Accounting Standards Board）がIFRSの設定を行っています。国際会計基準については，第４節において説明します。

　日本も，会計基準は政府からの圧力に対し中立であるべきとの欧米の主張に従い，政府からの関与を極力排除した基準設定団体が設立されました。それが2001年に設立された財団法人財務会計基準機構（FASF）であり，FASFのもと，同年発足した会計基準の設定主体である会計基準

図表２－１　**財務会計基準機構概要図**（企業会計基準委員会WEBSITE　出典：WWW.ASB.OR.JP）

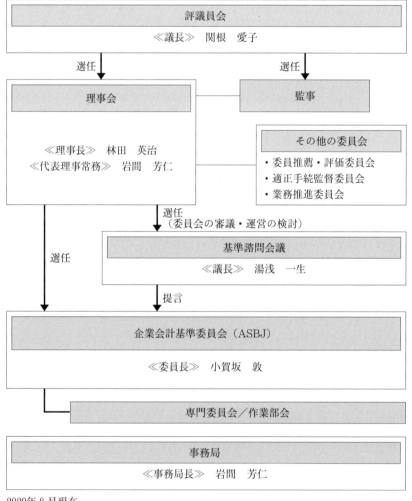

2020年８月現在

委員会（ASBJ）です。FASFの組織構成は図表 2 - 1 のようになっています。

　これまでのところ，会計基準委員会は以下の会計基準を，「企業会計基準第○号」という名称で，設定と公表を行っています（2012年12月現在）。

- ●第 1 号「自己株式及び法定準備金の取り崩し等に関する会計基準」（最終修正は2006年）
- ●第 2 号「 1 株当たり当期純利益に関する会計基準」（最終修正は2006年）
- ●第 4 号「役員賞与に関する会計基準」（最終修正は2005年）
- ●第 5 号「貸借対照表の純資産の部の表示に関する会計基準」（最終修正は2008年）
- ●第 6 号「株主資本等変動計算書に関する会計基準」（最終修正は2005年）
- ●第 7 号「事業分離等に関する会計基準」（最終修正は2008年）
- ●第 8 号「ストック・オプション等に関する会計基準」（最終修正は2008年）
- ●第 9 号「棚卸資産の評価に関する会計基準」（最終修正は2008年）
- ●第10号「金融商品に関する会計基準」（最終修正は2008年）
- ●第11号「関連当事者の開示に関する会計基準」（最終修正2006年）
- ●第12号「四半期財務諸表に関する会計基準」（最終修正2007年）
- ●第13号「リース取引に関する会計基準」（最終修正は2007年）
- ●第15号「工事契約に関する会計基準」（最終修正は2007年）
- ●第16号「持分法に関する会計基準」（最終修正は2008年）
- ●第17号「セグメント情報等の開示に関する会計基準」（最終修正は2010年）
- ●第18号「資産除去債務に関する会計基準」（修正日は2012年）
- ●第20号「賃貸等不動産の時価等の開示に関する会計基準」（最終修正は2011年）
- ●第21号「企業結合に関する会計基準」（最終修正は2008年）
- ●第22号「連結財務諸表に関する会計基準」（最終修正は2011年）
- ●第23号「『研究開発費等に係る会計基準』の一部改正」（最終修正は2008年）
- ●第24号「会計上の変更及び誤謬の訂正に関する会計基準」（最終修正は2009年）
- ●第25号「包括利益の表示に関する会計基準」（最終修正は2012年）
- ●第26号「退職給付に関する会計基準」（最終修正は2012年）
- ●第27号「法人税，住民税及び事業税等に関する会計基準」（最終修正は2017年）
- ●第28号「『税効果会計に係る会計基準』の一部改正」（最終修正は2018年）
- ●第29号「収益認識に関する会計基準」（最終修正は2020年）
- ●第30号「時価の算定に関する会計基準」（最終修正は2019年）
- ●第31号「会計上の見積りの開示に関する会計基準」（最終修正は2020年）

　これ以外にも，企業会計基準委員会は，企業会計基準の適用指針，実務対応報告，論点整理，企業会計基準の原案である公開草案などを発表しています[4]。

第4節　会計基準のコンバージェンス（収斂化）

1．国際会計基準（国際財務報告基準）の発展－誕生から調和化へ－

　会計ビッグバンの原因の一つに国際会計基準（IAS/IFRS）による影響を挙げましたが，では IAS/IFRSはどのようにしてその地位を高めていったのでしょう。IAS/IFRSとそれを設定する国際会計基準員会（IASC）の展開を見ながら，会計基準の国際的調和化がどのように進んでいったか，そして現在どの段階にあるかをみていきます。

　IASCの歴史は意外と古く，1973年6月に設立されました。IASC設立を促したのは，国際会計士連盟（IFAC：the International Federation of Accountants）の存在でした。IFACは年次総会において，国際取引の急増に対する国際的な会計基準の統一化がたびたび主張し，これに応える形でその母体となる組織が創設されました。それがIASCです。

　設立当初から参加した団体は，オーストラリア，カナダ，フランス，ドイツ，メキシコ，オランダ，イギリス，アイルランド，アメリカ，そして日本の会計士団体でした。IASCは民間団体なので，動向について周囲の関心は決して高くはありませんでした。しかし，1980年代後半以降 IASCは会計基準の国際的調和化を推し進める原動力となり，多方面からの注目を集めるようになりました。その要因として，次の二つが挙げられます。

　一つは，1986年に設立された**証券監督者国際機構**（IOSCO：International Organization of Securities Commissions）の影響です。IOSCOは，アメリカのSECや日本の金融庁も加盟する，資本市場を監督する政府機関の国際的団体です。IOSCOはディスクロージャー制度の国際的調和化を目指すIASCの活動を指示する意向を示し，1987年にはIASCの諮問グループと起草委員会のオブザーバーに参加することになりました。その後，1993年にIOSCOは「コア・スタンダード」と呼ばれた41のトピックに及ぶ広範囲の基準一覧をIASCに提示しました。コア・スタンダードとは，IOSCOが急増している資金・物資の国際的な調達活動の際に利用される財務諸表の作成のために最低限必要とされた基準の一覧です。1995年にIOSCOは，自分たちが提示した基準一覧を，IASCがコア・スタンダードとして完成させれば，IOSCOは国際会計基準を承認すると宣言しました。IASCはコア・スタンダードを1998年12月に完成し，その翌年からIOSCOは査定に入りました。IOSCOは2000年5月にこのコア・スタンダードを承認し，以降IASCはIASに基づいて作成された財務諸表をメンバー国の規制当局は受け入れるよう要請することになりました。これによって，民間団体であるIASCが開発した一連の会計基準を，国際機関であるIOSCOが認承したことになり，IAS/IFRSが実効性をもつ国際基準であると認識されることになったのです。

　もう一つは，IASC自身による財務諸表の比較可能性を高める試みです。当初の国際会計基準は，さまざまな代替的な処理が認められていたために，IOSCOを始めとするさまざまな関係諸団体から，国際会計基準に準拠して作成した財務諸表の比較可能性が問題視されていました。そこでIASCは，1989年に公開草案32号「財務諸表の比較可能性」を公表し，それまでの国際会計基準において容認されていた多くの代替的会計処理法を取り除くことにしたのです。これによって，IOSCOからの信頼性を高めることに成功しました。

2．国際会計基準設定の新体制

　2000年には，IASCの会員は104カ国143組織になり，組織が大きくなっているにもかかわらず，体制は設立当初のままであることに無理が来ていました。そこで，この2000年に組織改革が行われました。その結果，IASCはその活動を終え，その役割をIASBへ譲りました。

　新たな組織は2001年1月に発足しました。これについて，図表2−2の組織図をご覧ください。新たな組織の特徴は，大きく二つ挙げられます。一つは，国際会計基準委員会が財団化され（現在はIFRS財団），その下に重要な機関がすべて据えられた点です。

　IFRS財団の下に，IFRS財団評議員会が設置され，組織全体の監視や資金調達の他，IASBの16名の理事，14名の解釈指針委員会（IFRIC；IFRS Interpretations Committee），IFRS諮問会議（IFRS Advisory Council）の選任を行います。中心にあるIASBが，基準設定と解釈指針の承認権限を持っていて，これについて評議員会に報告義務を負います。IFRICは基準の解釈指針を作成する組織で，IASBに報告義務を負います。IFRS諮問会議は評議員会とIASBに助言を与えます。そのため，IFRS諮問会議は会計士だけにとどまらず，アナリストや企業関係者など多様な人材から構成されます。

　もう一つは，基準設定の担い手が大きく変わった点です。それまでの組織（IASC）は，特定国の職業会計士団体が無給で基準設定に携わっていました。しかし，コア・スタンダード承認に至り，会計基準自体が関係するすべての国の経済と大きく関わるようになってきました。このため，特定国の負担に依存するのではなく，各国の会計基準設定団体が直接協力して，高い品質の会計基準を開発することになったのです。また，構成メンバーについても，出身国や出身組織にこだわらず，その個人の能力に基づいて選出された理事によることに変更されました。その上で，各国の利害から離れるために，理事会メンバーは有給とされました。

図表2−2　現在のIAS/IFRS設定プロセス（出典：IASB website, www.iasb.org）

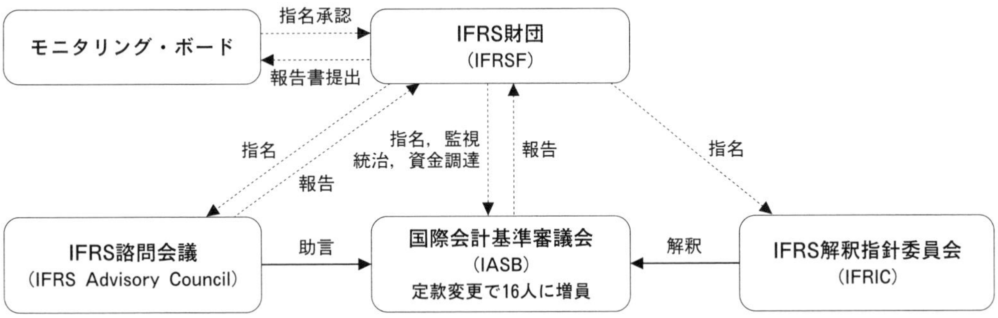

（出典）IASB/IFRSホームページ

　IASBに国際会計基準の設定権限が委譲された後，新しい会計基準は国際財務報告基準（IFRS）として公表されています。現時点で，世界主要国を含む120カ国以上がIAS/IFRSの利用を容認しています（2020年7月時点）。実質的に国際標準の位置にあるといっても過言ではないでしょう。まさに会計基準の調和化を達成しつつあるといえます。

3．国際会計基準と世界の会計基準の発展－調和化から収斂化へ－

　IAS/IFRSが国際会計基準としての地位を確立したことを象徴する出来事が，2002年に発表されました。その前年にEUのヨーロッパ委員会はEU加盟諸国域内の資本市場に上場するすべての企業に対し，IAS/IFRS採用を義務づけていたのですが，これが2002年6月にEUで正式決定されたのです。そして，2005年よりEU加盟諸国の資本市場に上場するEU域外の全ての企業も，原則としてIAS/IFRSに準拠して作成された連結財務諸表を作成・開示することになったのです。もちろん，EU加盟諸国の資本市場に上場する日本企業も例外ではありません。このため，この問題は，EU加盟諸国の資本市場に上場する日本企業の間で，「**2005年問題**」といわれました。

　ヨーロッパだけでなく，世界中でIAS/IFRSへ収斂していく動きは起こっています。たとえば，オーストラリアでは主体的な基準設定については，実質的に放棄しており，アジア諸国など（たとえばASEAN諸国）ではたとえ会計基準を設定しても，内容は実質的にIAS/IFRSに準拠させています。つまり，世界の大多数の国家は，IAS/IFRSをその国の会計基準として，実質的に運用しているといえます。結果として，独自のスタイルの会計基準を依然として開発し続けているのは，日本とアメリカだけという状況にあります。そんな両国ですら，実はIAS/IFRS開発に長年にわたって貢献してきています。そこでアメリカと日本の現状について少し説明します。

　アメリカは，EUの域内強制適用に先立って締結された2002年の**ノーウォーク合意**に基づき，USGAAP（米国会計基準）とIAS/IFRSのコンバージェンスの作業を進めてきました。世界各国でIAS/IFRSの採用が進む中，2008年には，SECがIAS/IFRS採用のロードマップを示し，IAS/IFRS採用に大きく傾きます。

　2011年5月には，承認手続きを経て個々の基準の受け入れを図るエンドースメントと従来のコンバージェンスプロセスを合わせた造語である「**コンドースメント**」アプローチでIAS/IFRSに対応する旨をSECが表明しました。　このアプローチは，USGAAPの中身をIAS/IFRSに置き換え，最終的にIAS/IFRSに同一化することを目的とします。USGAAPそのものが無くなるというわけではないものの，IAS/IFRSがUSGAAPに大きな影響を与えることになります。

　日本では，2007年の東京合意に基づき，日本基準とIAS/IFRSとのコンバージェンス作業が始まりました。議論が進む中，2010年3月期からIAS/IFRSの「任意適用」が認められました。任意適用企業が着々と増加する中，将来の上場企業への適用義務づけに向けた議論が進んでいます。2009年6月には，金融庁の企業会計審議会において，「我が国における国際会計基準の取扱いに関する意見書（中間報告）」が出され，2010年3月期からの任意適用と，早ければ2015年からの強制適用の可能性が提示されました。

　その後，2011年6月には企業会計審議会において，強制適用の開始を当初の予定から2年ないしは4年遅らせ，早くても2017年からにする方向で検討がされていました。ところが，東日本大震災などの影響や産業界からの反発が響き，強制適用の開始は難しいと見られており，むしろ任意適用企業数の拡大推進へ舵を切っております。金融庁の方針としては，2016年末までにIFRS適用企業を300社程度とする目標値の設定しております。その意味でコンバージェンスは引き続き進行中であり，グローバルに展開する企業は着々と任意適用をスタートさせています。会計実務へのIAS/IFRSの浸透は，すでに始まっています。

■ 注 ■

（1）ここでは，会計基準と会計原則について，それほど厳密に区別せずにここでは使用していきます。もっとも厳密な相違はありますが，詳細については広瀬［7］を参照してください。

（2）FASBの会計基準の最新の状況は，http://www.fasb.org/を参照ください。現在は会計基準編纂プロジェクトが進行中で，ASC100-2のような形式でナンバリングされています。

（3）なお，現在では国際会計基準といえば，国際財務報告基準も含められるために，一般的な呼称であるIFRSとは別に，ここからはIAS/IFRSという表現を利用します。

（4）ASBJの最新状況とIAS/IFRSに関する詳細は，http://www.asb.or.jp/　またはhttp://www.ifrs.ne.jp/index.phpを参照してください。企業会計基準の番号が飛んでいるのは新しい基準に置き換わり廃止されたからです。

◆ 参考文献 ◆

［1］あずさ監査法人／KPMG編『国際財務報告基準の適用ガイドブック（第3版）』中央経済社，2008年。

［2］伊藤邦雄『新・現代会計入門（第4版）』日本経済新聞社，2020年。

［3］小樽商科大学ビジネススクール編『MBA のための財務会計（三訂版）』同文館出版，2014年。

［4］桜井久勝『財務会計講義（第21版）』中央経済社，2020年。

［5］佐藤信彦編著『国際会計基準制度化論（第2版）』白桃書房，2008年。

［6］平松一夫編著『国際財務報告論』中央経済社，2007年。

第3章　財務諸表の基礎

第1節　貸借対照表

1．貸借対照表の意義と役割

　企業が外部利害関係者に対して経営状態を報告するための報告書を**財務諸表**（Financial State-ments，略してF/S）といいます。わが国では長年にわたり，**貸借対照表**（Balance Sheet，略してB/S）と**損益計算書**（Profit and Loss Statement，略してP/L）が基本財務諸表として作成されてきました。その後，2000年3月期からは，**キャッシュ・フロー計算書**（Cash Flow Statement，略してC/F）が基本財務諸表の1つとして作成されることになり，さらに2007年3月期からは，**株主資本等変動計算書**（Statements of Shareholders' Equity，略してS/S）が基本財務諸表の1つとして作成されることになりました。そのため，現在ではこれら4つは基本財務諸表と呼ばれています。

　わが国における会社法と金融商品取引法に基づく制度会計では，いくつかの財務表の公開が義務づけられています。会社法では，単体の計算書類として貸借対照表，損益計算書，株主資本等変動計算書，個別注記表が規定されています（会社法435条2項，会社計算規則59条1項）。さらに，会計監査人設置会社およびその子会社からなる企業集団の財産および損益の状況を示すために作成される連結計算書類には，連結貸借対照表，連結損益計算書，連結株主資本等変動計算書，連結注記表という財務表があります（会社法444条1項，会社計算規則61条1項）。

　また，金融商品取引法では，個別財務諸表として貸借対照表，損益計算書，株主資本等変動計算書，キャッシュ・フロー計算書，附属明細表の作成が義務づけられています（財務諸表等規則1条1項）。さらに，企業集団を1つの単位とみなして作成される連結財務諸表には，連結貸借対照表，連結損益計算書，連結包括利益計算書，連結株主資本等変動計算書，連結注記表があります（連結財務諸表に関する会計基準18〜43）。連結財務諸表に含まれる連結包括利益計算書は，2011年3月31日以降終了する連結会計年度末から新たに導入されました。**連結包括利益計算書**では当期純利益にその他の包括利益の内訳項目，すなわちその他有価証券評価差額金，繰延ヘッジ損益，為替換算調整勘定等を加減して包括利益が表示されます。包括利益とは，資本取引以外の事由による純資産の変動のことです。

　これらの財務表は相互に連携しながら，企業の経営状態を表示する役割を果たしています。貸借対照表，損益計算書，キャッシュ・フロー計算書，株主資本等変動計算書の4つの財務表の関係を示すと，以下のようになります。

図表 3 - 1　財務諸表の連携

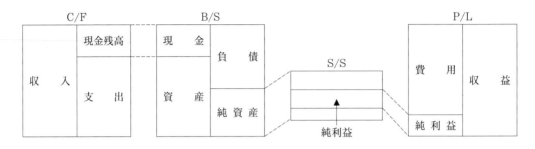

　図表 3 - 1 が示すように，財務諸表の中心には企業の財政状態を表示する貸借対照表が位置します。そして，貸借対照表の純資産の部に属する項目の変動をまとめた財務表が株主資本等変動計算書になります。さらに，株主資本等変動計算書の一項目である当期純利益の発生原因を一覧にまとめた財務表が損益計算書です。また，資産の一項目である現金および現金同等物の一会計期間における変動をまとめた財務表がキャッシュ・フロー計算書です。

　財務諸表は企業の経済事象を複式簿記の手法に基づき記録した帳簿記録を一定の形式で報告するためにまとめられる報告書であり，企業の財政状態および経営成績等に関して真実な報告を行うための手段として機能を果たしています。このうち，企業の**財政状態**に関して真実な報告を行うために作成される報告書が貸借対照表です。企業会計では経済事象が記録計算されるため，経済事象を日々の経済活動から生じる資金の動きとして捉える必要があります。そこで，企業の資金を動きとして捉えるために，資金の入りである調達源泉と，資金の出である運用形態という 2 つの側面から把握しなければなりません。したがって，貸借対照表とは，企業の経済活動に必要な資金の調達源泉である**負債および純資産（資本）**と，その運用形態である**資産**について決算日における状態を明らかにするために作成される報告書といえます。企業は日々経済活動を行っており，その結果生ずる資産，負債，純資産（資本）の増減については複式簿記を用いて記録を行っています。この経済活動によって変化した資産，負債，純資産（資本）について，貸借対照表日（決算日）時点でどれくらい残高があるのかを報告するために作成されるのが貸借対照表であるといえます。

　貸借対照表は， 2 つの考え方に基づいて作成することができます。その作成方法には実地棚卸法と誘導法があります。前者は貸借対照表の作成にあたって必ずしも会計記録の存在を前提とせず，実地棚卸の結果を集計することによって作成することができます。これに対して，後者は貸借対照表を作成する上で帳簿が必要不可欠な存在となり，貸借対照表に記載される情報は帳簿から誘導されて作成されることになります。損益計算書との相互補完的な関係を保つためには，誘導法を採用するしかなく，現在の貸借対照表はこの方法から導き出されます。

　なお，貸借対照表においては，資金の運用形態としての資産が借方に，資金の調達源泉としての負債と純資産（資本）が貸方に表示されます。当然のことですが，貸借対照表では資金を調達源泉と運用形態という 2 つの側面から把握することになるため，「資産の合計額は，負債と資本の合計額に一致しなければならない」（企業会計原則，第三，一，E）とされています。これを**貸借**

平均の原理といいます。

2．貸借対照表の表示原則

①　完全性の原則

貸借対照表は企業の財政状態を明らかにするために，貸借対照表日におけるすべての資産，負債および純資産（資本）を記載し，株主や債権者，その他の利害関係者にこれを正しく表示するものでなければなりません（企業会計原則，第三，一）。しかし，**重要性の原則**の観点から，正規の簿記の原則に従って処理された場合に生ずる簿外資産および簿外負債については，貸借対照表に表示しなくてもよいとされています（企業会計原則，第三，一および注解1）。

②　総額主義の原則

企業会計原則において，「資産，負債及び資本は，総額によって記載することを原則とし，資産の項目と負債又は資本の項目とを相殺することによって，その全部又は一部を貸借対照表から除去してはならない」（企業会計原則，第三，一，B）とされています。これは，たとえば売掛金と買掛金を相殺し，純額のみを売掛金（または買掛金）として表示することを禁じることを意味しています。すなわち，**総額主義の原則**は，総額表示によって資産や負債，純資産の割合や関係を歪めることなく，適切な財政状態の表示を保証するために重要な役割を果たす原則といえます。

別の例として，貸倒引当金や減価償却累計額について，総額主義の原則に従って売掛金や受取手形等の債権または有形固定資産が属する科目ごとに間接的に控除する形式での表示が原則とされます。しかし，例外として貸倒引当金や減価償却累計額をその債権または有形固定資産から控除した純額で表示し，貸倒引当金や減価償却累計額については注記で表示することも認められています（企業会計原則，注解17）。

③　区分計算表示の原則

これは，企業会計原則における「貸借対照表は，資産の部，負債の部及び資本の部の三区分に分ち，さらに資産の部を流動資産，固定資産及び繰延資産に，負債の部を流動負債及び固定負債に区分しなければならない」（企業会計原則，第三，二）と明記されている原則を指します。すなわち，資産，負債，純資産（資本）を明確に区分するとともに，資産と負債については流動項目と固定項目に分類しなければなりません。流動項目と固定項目の表示に関しては，**流動性配列法**に従って流動性の高い項目から順番に表示することになります。ただし，電力・ガス事業を営む企業のように総資産にしめる固定資産の割合がきわめて高い場合には，流動性の低い項目から順番に列挙する**固定性配列法**によって表示する方法が認められています。

なお，貸借対照表の表示形式には「**勘定式**（資産を借方，負債および純資産（資本）を貸方に対照表示する方法）」と「**報告式**（各項目を上から下へ資産・負債・純資産（資本）の順で配列表示する方法）」の2種類があり，会社法会計では勘定式，金融商品取引法会計では報告式が採用されています。以下に株式会社ニトリホールディングスの連結貸借対照表を掲載します。

図表 3 － 2　株式会社ニトリホールディングスの2020年度連結貸借対照表

（単位：百万円）

		前連結会計年度 （2019年 2 月20日）		当連結会計年度 （2020年 2 月20日）
資産の部				
流動資産				
現金及び預金		102,345		159,190
受取手形及び売掛金		24,818		27,880
商品及び製品		59,184		61,203
仕掛品		153		182
原材料及び貯蔵品		3,570		4,127
その他		20,969		11,010
貸倒引当金		－		△4
流動資産合計		211,771		263,589
固定資産				
有形固定資産				
建物及び構築物	※ 1	210,723	※ 1	215,908
減価償却累計額		△94,855		△104,359
建物及び構築物（純額）	※ 1	115,868	※ 1	111,548
機械装置及び運搬具		12,435		13,511
減価償却累計額		△8,746		△9,798
機械装置及び運搬具（純額）		3,689		3,713
工具，器具及び備品		17,489		19,686
減価償却累計額		△9,446		△10,615
工具，器具及び備品（純額）		8,042		9,071
土地		171,342	※ 1	173,010
リース資産		3,697		3,776
減価償却累計額		△1,554		△1,752
リース資産（純額）		2,143		2,023
使用権資産		－		5,742
減価償却累計額		－		△1,212
使用権資産（純額）		－		4,529
建設仮勘定		955		3,489
有形固定資産合計		302,041		307,387
無形固定資産				
ソフトウェア		7,088		11,391
ソフトウェア仮勘定		4,573		5,984
借地権		7,111		7,160
その他		83		64
無形固定資産合計		18,857		24,599
投資その他の資産				
投資有価証券	※ 2	26,103	※ 2	25,535
長期貸付金		778		732
差入保証金	※ 1	14,268	※ 1	13,987
敷金		22,908		23,756
繰延税金資産		11,905		13,246
その他		11,380		10,429
貸倒引当金		△0		△18
投資その他の資産合計		87,344		87,670
固定資産合計		408,244		419,657
資産合計		619,286		683,247

（単位：百万円）

	前連結会計年度 （2019年2月20日）		当連結会計年度 （2020年2月20日）	
負債の部				
流動負債				
支払手形及び買掛金	※1	20,956	※1	19,774
短期借入金		2,639	※1	2,787
リース債務		187		1,554
未払金		23,752		22,923
未払法人税等		19,472		20,224
賞与引当金		4,206		4,020
ポイント引当金		2,014		2,076
株主優待費用引当金		343		282
その他	※1	21,444	※1	23,420
流動負債合計		95,016		97,063
固定負債				
長期借入金		6,028		4,000
リース債務		1,956		6,714
退職給付慰労引当金		228		228
退職給付に係る負債		3,202		1,343
資産除去債務		5,365		5,673
その他	※1	7,296	※1	7,361
固定負債合計		24,078		25,322
負債合計		119,094		122,385
純資産の部				
株主資本				
資本金		13,370		13,370
資本剰余金		19,841		25,074
利益剰余金		472,755		532,471
自己株式		△7,727		△10,875
株主資本合計		498,240		560,042
その他の包括利益累計額				
その他有価証券評価差額金		947		750
為替換算調整勘定		901		161
退職給付に係る調整累計額		△367		△382
その他の包括利益累計額合計		1,481		529
新株予約権		470		289
純資産合計		500,192		560,861
負債純資産合計		619,286		683,247

3．分類基準

　資産をいくつかのまとまりに分類するうえでの基準を資産の分類基準といいます。資産の分類基準については，①流動資産と固定資産，②貨幣性資産と非貨幣性資産，③金融資産と事業資産という3つの考え方があります。

（1）流動資産と固定資産

　企業の支払能力または財務流動性を重視する考え方によれば，資産は**流動資産**と**固定資産**に分類されます。この分類は，短期支払能力のあるものを流動資産とし，長期的な資金運用形態にあ

るものを固定資産とする方法です。この方法は具体的には**正常営業循環基準**と**1年基準**という2通りの分類法があり，前者は主たる営業循環過程，すなわち「現金預金→棚卸資産→営業債権→現金預金」というサイクル上にある資産は原則として流動資産，そのサイクル外にある資産を固定資産とする考え方です。一方，後者は貸借対照表日の翌日から起算して1年以内に現金化される資産を流動資産，1年を超えて現金化されるか現金化が未定の資産を固定資産として分類する考え方です。

　この分類基準は貸借対照表の表示面において用いられ，現行の財務会計においては，まず正常営業循環基準を適用して流動資産の分類を行い，さらに営業循環過程外の項目について1年基準を適用し1年以内の短期項目を流動資産，1年超の長期項目を固定資産に分類表示するという両者の折衷法を採っています。企業は，資産を原則として流動性の高いものから順に表示する流動性配列法を適用することにより，企業の安全性を確かめる指標である流動比率，当座比率などの各種の財務分析が可能となります。

（2）貨幣性資産と非貨幣性資産

　資産を資本の循環という面からみてみると，**貨幣性資産**と**非貨幣性資産**に分類されます。貨幣性資産とは，現金預金，売掛金，受取手形などのようにこれから商品，有価証券などに投下される資本として循環過程上で待機状態にあるものをいいます。それに対して，非貨幣性資産とは，貨幣性資産以外の資産であり，投下資本の運用状態にあるものです。なお，非貨幣性資産のうち，それが損益計算において将来費用となる商品や機械のような資産を**費用性資産**ということがあります。たとえば，有価証券，土地は支払手段ではありませんから非貨幣性資産ですが，棚卸資産や（土地以外の）固定資産のように費用化されるわけではありませんので費用性資産ではありません。

（3）金融資産と事業資産

　わが国の企業会計は資産において伝統的に（2）の分類を損益計算について考えるうえで用い，表示面では（1）の分類を用いてきましたが，市場経済の重点が物財から金融財に移行するにつれて，この新たな分類が登場することになりました。すなわち，（2）の方法は損益計算を行ううえで，支払手段たる貨幣性資産は回収可能価額で評価し，費用性資産は取得原価を費用配分するものであるため取得原価で評価します。しかし，この方法によれば，時価が重視される今日では資産評価上さまざまな問題が生じます。そのため，資産評価上の要請から従来の分類に追加修正を行い，資産を**金融資産**と**事業資産**に分類する考え方が登場してきました。後述しますが，この分類は資産の評価を考えるうえで用いられます。

第2節　損益計算書

1．損益計算書の意義と役割

　損益計算書は，一会計期間の企業の**経営成績**を表すために作成される報告書です。経営成績と

は，一会計期間のすべての収益と対応するすべての費用を把握して計算された期間損益のことです。この期間損益を認識するためには，すべての収益および費用が発生した期間へ正しく割り当てられなければなりません。そのため，原則として評価益などの未実現利益については計上してはならないとされています（企業会計原則，第二，一，A）。しかし，例外として長期請負工事のように工事進行基準を適用した場合には，そこで生じる未実現利益は期間損益に含まれることになります。

　前払費用および前受収益のように，金銭の支払いまたは受け取りがすでに行われた費用や収益であっても未経過のものについては，その金額が期間損益から除去されます。また，未払費用および未収収益のように，費用や収益として確定していても支払いまたは受け取りをまだ行っていないものについては，その金額が期間損益に含まれます。これらは**経過勘定項目**と呼ばれており，損益計算書を作成するにあたって調整が必要となります。期間損益を正しく計算するためには，すべての収益および費用を正しく測定する必要がありますが，その金額は各取引における収入額または支出額に基づいて算定されます。損益計算書は，複式簿記でいうところの損益勘定を公表用に手直ししたものです。複式簿記における損益勘定は借方と貸方による左右対称で，すべての項目が一括して表示されていますが，公表用の損益計算書では左右対称ではなく，報告式と呼ばれる様式を採用しています。損益計算書の役割は，利用者の目的に応じた表示の工夫が施されたうえで，一会計期間の企業の経営成績を表示することにあります。それではどのような表示の工夫が施されているのかについて，その特徴をみていきます。

2．損益計算書の表示原則

　損益計算書をみると，損益計算書の上方に毎年生じている事象が表示され，下方にそれほど頻繁に生じない事象が表示されていることがわかります。最上部に掲げられている項目は，毎年計上される「売上高」，最下部では固定資産売却益や退店違約金等というそれほど頻繁に発生しない項目が計上されています。これは損益計算書の表示形式に理由があります。損益計算書は，上から営業損益計算，経常損益計算，純損益計算の順に表記されています。簡単に表すと，図表3－3のような形になります。

図表3－3　簡易表記の損益計算書

営業損益計算	売上高	＊＊＊
	売上原価	△＊＊＊
	売上総利益	＊＊＊
	販売費および一般管理費	△＊＊＊
	営業利益	＊＊＊
経常損益計算	営業外収益	＊＊＊
	営業外費用	△＊＊＊
	経常利益	＊＊＊
純損益計算	特別利益	＊＊＊
	特別損失	△＊＊＊
	税引前当期純利益	＊＊＊
	法人税等	△＊＊＊
	当期純利益	＊＊＊

　営業損益計算の区分では，その企業の主たる営業活動（本業）から生じる損益を計算して営業利益を確定します。経常損益計算の区分では，営業損益計算の結果を受けて，主たる営業活動以外の活動，主に金融取引によって生じた損益を加減算して経常利益を計算します。経常利益は通常の経営活動によって経常的に発生する利益といえます。ここでいう「通常」とは企業が正常な状態で利益が獲得されたという意味です。また，「経常的」とは企業活動は日々繰り返されるのが常であり，その中で利益が獲得されたという意味です。これに臨時的に発生した取引や前年度の損益修正が含まれる特別利益と特別損失を加減算して，税引前当期純利益が計算されます。最後に，法人税等を控除し，連結損益計算書であれば非支配株主損益を加減算することで，当期純利益が算定されます。

　つまり，損益計算書は企業活動の頻度や属性，主たるものか従たるものかで，3区分されるのです。ここで重要なことは，費用および収益に関する表示方法についてです。企業会計原則では，「費用及び収益は，その発生源泉に従って明瞭に分類し，各収益項目とそれに関連する費用項目とを損益計算書に対応表示しなければならない」と定められています（企業会計原則，第二，一，C）。以下に，株式会社ニトリホールディングスの連結損益計算書を掲載します。

図表 3 − 4　株式会社ニトリホールディングスの2020年度連結損益計算書

（単位：百万円）

	前連結会計年度 （自 2018年2月21日 至 2019年2月20日）		当連結会計年度 （自 2019年2月21日 至 2020年2月20日）	
売上高		608,131		642,273
売上原価		276,709		287,909
売上総利益		331,421		354,364
販売費及び一般管理費	※1	230,642	※1	246,886
営業利益		100,779		107,478
営業外収益				
受取利息		481		522
受取配当金		37		36
為替差益		95		−
自動販売機収入		246		247
有価物売却益		390		374
持分法による投資利益		511		588
その他		797		706
営業外収益合計		2,561		2,476
営業外費用				
支払利息		101		283
為替差損		−		24
その他		185		124
営業外費用合計		286		432
経常利益		103,053		109,522
特別利益				
受取和解金		31		−
固定資産売却益	※2	10	※2	315
違約金収入		49		307
新株予約権戻入益		11		3
特別利益合計		102		626

特別損失				
損害賠償金			－	85
解約損失引当金繰入額			－	630
災害による損失			1,268	－
持分変動損失			368	172
固定資産除売却損	※3		94	※3　99
退店違約金等			255	
減損損失	※4		653	※4　4,090
その他			24	－
特別損失合計			2,665	5,078
税金等調整前当期純利益			100,490	105,069
法人税，住民税及び事業税			33,813	34,979
法人税等調整額			△1,504	△1,304
法人税等合計			32,309	33,674
当期純利益			68,180	71,395
親会社株式に帰属する当期純利益			68,180	71,395

3．段階的に計算された利益

　図表3－4をみるとわかるように，一口に利益といっても5種類あります。これは区分とも関係しており，それぞれ役割が異なっています。

　売上総利益（マイナスの場合，**売上総損失**になります）は，売上高からそれと直接的に対応する売上原価を差し引くことで，売上というもっとも中核的な業務から得られる業績を表示します。

　次に，売上総利益から**販売費及び一般管理費**を差し引いて算出される利益が**営業利益**（マイナスの場合，**営業損失**になります）です。営業利益は本業がどの程度儲かっているかを表しています。販売費および一般管理費は，「財務諸表等規則」で販売および一般管理業務に関して発生したすべての費用を含むとされています（財務諸表等規則84条）。販売費および一般管理費に属する費用の例として，販売手数料，荷造費，広告宣伝費，従業員の給料，賃金，手当，光熱費および消耗品費などが含まれます（財務諸表等規則ガイドライン，84）。

　さらに，営業利益は本業の業績を表すものであるとしたうえで，本業以外の業務も含む会社の総合的な業績は何をもって示すのでしょう。それが**経常利益**（マイナスの場合，**経常損失**になります）です。経常利益は営業利益に営業外収益と営業外費用を加減算して算出されます。営業外収益には，受取利息，有価証券利息，受取配当金などの債券や株式を保有することで得られる金融収益が含まれます。それに対して，営業外費用に属する費用には，支払利息，社債利息，為替差損などの金融費用が含まれます。

　そして，経常利益に特別利益と特別損失を加減算すると**税引前当期純利益**（マイナスの場合，**税引前当期純損失**になります）になります（株式会社ニトリホールディングスの連結損益計算書では税金等調整前当期純利益と書かれています）。特別利益と特別損失は大きく2つの種類に分けられます。1つは，前期損益修正というもので，貸倒引当金戻入益や減価償却過不足額修正損益などがこれに当たります。もう1つは，臨時損益というもので，固定資産売却損益や転売以外の目的で取得した有価証券の売却損益，減損損失などの臨時的に発生した損益が含まれます。

　また，税引前当期純利益から法人税，住民税および事業税を差し引き，こうした税金等が税引

50

前当期純利益と適切に対応するように税効果会計を適用して計算された法人税等調整額を加減算することで算出されるのが，**当期純利益**（マイナスの場合，**当期純損失**になります）です。当期純利益が最終的な業績（連結損益計算書では親会社株主に帰属する当期純利益になります）を表すことから，bottom line（一番底の線）と英訳されます。

　損益計算書には業績指標としての5つの利益が計上されることになりますが，それぞれの役割が異なっていることがわかるでしょう。どの利益をみるかで損益計算書の印象は変わってきます。

4．包括利益計算書

　わが国では過去において，その他有価証券評価差額金，繰延ヘッジ損益，為替換算調整勘定等といった項目（これらは「その他の包括利益」に含まれます）について，貸借対照表における純資産の部や株主資本等変動計算書では表示されていましたが，それらの当期変動額と当期純利益との合計額が表示されることはありませんでした。国際的には包括利益計算書の整備が進められていたため，わが国においてもこのような動きに対応するため，包括利益の表示に関して当期純利益を表示することを前提に導入が検討されていました。2009年12月に企業会計基準委員会から「包括利益の表示に関する会計基準（案）」が公開草案として公表され，翌年6月に「包括利益の表示に関する会計基準」が公表されました。さらに，本会計基準は個別財務諸表における包括利益の表示についての取扱いを踏まえて，2012年6月に改正されています。

　包括利益およびその他の包括利益が表示されることによって，**純資産（資本）の変動の事由**を報告することが可能になるとともに，その他の包括利益に含まれる各項目がより明瞭に開示できるようになります。また，このような情報は当該企業の利害関係者にとって企業全体の事業活動を検討する際に非常に有用であると考えられます。さらに，貸借対照表における純資産の部との連携を明示することによって，財務諸表の理解可能性や比較可能性が向上することも期待されます。そのため，包括利益を表示することで当期純利益が否定される訳ではなく，双方に関する情報を併せて利用することで全体的な企業活動に関する情報の有用性が高められると考えるべきでしょう。

　包括利益計算書では，**包括利益**および**その他の包括利益**が表示されます。まず，包括利益とは，「ある企業の特定期間の財務諸表において認識された純資産の変動額のうち，当該企業の純資産に対する持分所有者との直接的な取引によらない部分」（包括利益の表示に関する会計基準，4）であり，その他の包括利益とは，「包括利益のうち当期純利益に含まれない部分」（包括利益の表示に関する会計基準，5）とされています。

　以下に，株式会社ニトリホールディングスの連結包括利益計算書を掲載します。

図表 3 − 5　株式会社ニトリホールディングスの2020年度連結包括利益計算書

（単位：百万円）

	前連結会計年度 （自　2018年 2 月21日 　至　2019年 2 月20日）	当連結会計年度 （自　2019年 2 月21日 　至　2020年 2 月20日）
当期純利益	68,180	71,395
その他包括利益		
その他有価証券評価差額金	150	△964
繰延ヘッジ損益	704	587
為替換算調整勘定	△2,204	△740
退職給付に係る調整額	△88	△14
その他の包括利益合計	※　△1,437	※　△951
包括利益	66,742	70,443
（内訳）		
親会社株主に係る包括利益	66,742	70,443

　包括利益計算書の表示方式には，2計算書方式と1計算書方式の2つがあります。まず，2計算書方式とは，上半分に当期純利益を表示する損益計算書，下半分に包括利益を表示する包括利益計算書に区分して記載する形式です。次に，1計算書方式とは，損益計算書と包括利益計算書を区分することなく，損益および包括利益計算書という1つの計算書で当期純利益と包括利益を表示する形式です（包括利益の表示に関する会計基準，11）。

　図表 3 − 5 をみても明らかなように，株式会社ニトリホールディングスの連結包括利益計算書は2計算書方式を採用しており，実際の有価証券報告書では連結損益計算書の真下に連結包括利益計算書が掲載されています。

第 3 節　キャッシュ・フロー計算書

1．キャッシュ・フロー計算書が導入された経緯

　かつてわが国において，企業の資金繰り情報は資金収支表として開示されており，財務諸表に含まれない情報として位置づけられていました。そのため，上場会社に提出義務がある有価証券報告書では，財務諸表外の情報として個別ベースの資金収支表が開示されていました。

　わが国における金融ビックバンに伴う企業情報開示の進展によって，1997年 6 月に企業会計審議会は「連結財務諸表制度の見直しに関する意見書」を公表しました。その内容は，連結ベースのキャッシュ・フロー計算書の導入に伴い，個別ベースの資金収支表の廃止について提言するというものでした。また，1997年12月には「連結キャッシュ・フロー計算書等の作成基準の設定に関する意見書（公開草案）」を公表し，キャッシュ・フロー計算書の作成基準案を提示して，広く各界の意見を求めました。

　その後，1998年 3 月に企業会計審議会は「連結キャッシュ・フロー計算書等の作成基準」（以下，C/F作成基準），及び「連結キャッシュ・フロー計算書等の作成基準注解」（以下，C/F作成基準注解）を含む「連結キャッシュ・フロー計算書等の作成基準の設定に関する意見書」を公表し，

それを受けて1998年6月に日本公認会計士協会が「連結財務諸表等におけるキャッシュ・フロー計算書の作成に関する実務指針」（会計制度委員会報告第8号）を公表しました。

　さらに，翌年3月には省令である「財務諸表等規則」，「連結財務諸表規則」および「中間財務諸表等の用語，様式及び作成方法に関する規則」が改正され，新たに「中間連結財務諸表の用語，様式及び作成方法に関する規則」が制定されました。

　以上のような経緯を経て，わが国において個別ベースの資金収支表が廃止されるかわりに，連結ベースのキャッシュ・フロー計算書を導入することで，企業の連結情報が重視されるようになりました。また，連結財務諸表を作成しない企業に対しても資金収支表は廃止され，個別ベースのキャッシュ・フロー計算書が導入されることになりました。

　以前の資金収支表は，財務諸表に含まれない情報でしたが，キャッシュ・フロー計算書は，一会計期間における**キャッシュ・フローの状況**を各活動に区分したうえで表示するものとして，財務諸表の1つとして位置づけられるようになりました。このことにより，わが国におけるキャッシュ・フロー計算書の位置づけは，国際的な会計基準に足並みを揃えることができました。

2．キャッシュ・フロー計算書の意義と役割

　以前の資金収支表では，現預金及び市場性のある一時所有の有価証券が資金であるとされていたため，その範囲の広さから企業の資金活動の実態が反映されにくいという問題がありました。そのため，C/F作成基準では，キャッシュ・フロー計算書での資金（＝キャッシュ）は，現金及び現金同等物に限定されています（第二，一）。現金は手許現金及び要求払預金を意味し，現金同等物は「容易に換金可能であり，かつ，価値変動について僅少なリスクしか負わない短期投資」（第二，一）とされており，3カ月以内に期日が到来する定期預金などの短期的な投資のことを意味します。このことから，以前の資金収支表における価格変動リスクの高いもの以外が，キャッシュ・フロー計算書での資金に該当するといえます。

　なお，特に現金同等物に関して，具体的に何を含めるかについては経営者の判断に委ねられるため，資金に含める現金及び現金同等物の内容について注記しなければなりません。

　また，キャッシュ・フローのフローは流れを意味する英語であり，キャッシュ・フロー計算書とは資金の流れ，すなわち「入」と「出」を表す計算書ということができます。

3．キャッシュ・フロー計算書の表示原則

　C/F作成基準によれば，キャッシュ・フロー計算書には，「営業活動によるキャッシュ・フロー，投資活動によるキャッシュ・フロー，及び財務活動によるキャッシュ・フローの区分を設けなければならない」とされています（第二，二，1）。この3区分が設けられることにより，一会計期間のキャッシュ・フローを活動ごとに表すことができます。以下に，株式会社ニトリホールディングスの連結キャッシュ・フロー計算書を掲載します。

図表 3 － 6　株式会社ニトリホールディングスの2020年度連結キャッシュ・フロー計算書

（単位：百万円）

	前連結会計年度 （自 2018年 2 月21日 至 2019年 2 月20日）	当連結会計年度 （自 2019年 2 月21日 至 2020年 2 月20日）
営業活動によるキャッシュ・フロー		
税金等調整前当期純利益	100,490	105,069
減価償却費	14,218	16,561
減損損失	653	4,090
貸倒引当金の増減額（△は減少）	△0	21
賞与引当金の増減額（△は減少）	836	△177
退職給付に係る負債の増減額（△は減少）	400	△1,880
ポイント引当金の増減額（△は減少）	390	63
受取利息及び受取配当金	△519	△559
支払利息	101	283
持分法による投資損益（△は益）	△511	△588
退店違約金等	255	－
違約金収入	△49	△307
解約損失引当金繰入額	－	630
固定資産除売却損益（△は益）	84	△216
持分変動損益（△は益）	368	172
売上債権の増減額（△は増加）	△2,365	△3,664
たな卸資産の増減額（△は増加）	△10,014	△2,687
仕入債務の増減額（△は減少）	1,061	219
未払消費税等の増減額（△は減少）	509	1,011
その他	5,933	4,595
小計	111,843	122,637
利息及び配当金の受取額	569	1,214
利息の支払額	△98	△280
違約金の受取額	49	307
退店違約金等の支払額	△48	△286
法人税等の支払額	△41,125	△34,112
法人税等の還付額	10,474	9,856
営業活動によるキャッシュ・フロー	81,664	99,337
投資活動によるキャッシュ・フロー		
定期預金の預入による支出	△1,694	△18,374
定期預金の払戻による収入	1,679	2,285
有形固定資産の取得による支出	△22,363	△17,482
有形固定資産の売却による収入	239	517
無形固定資産の取得による支出	△5,788	△9,550
有価証券及び投資有価証券の取得による支出	△0	－
有価証券及び投資有価証券の売却による収入	38	5
差入保証金の差入による支出	△1,590	△1,032
差入保証金の回収による収入	97	277
関係会社株式の取得による支出	△192	－
敷金の差入による支出	△1,134	△1,157
敷金の回収による収入	202	346
預り保証金の受入による収入	145	41
預り敷金の受入による収入	203	154
預り敷金の返還による支出	△33	279
長期前払費用の取得による支出	△122	△158
貸付けによる支出	△132	△296
貸付金の回収による収入	35	36

その他の支出	△15	△5
投資活動によるキャッシュ・フロー	△30,424	△44,486
財務活動によるキャッシュ・フロー		
短期借入れによる収入	287	88
短期借入金の返済による支出	－	△2
長期借入金の返済による支出	△2,003	△2,009
リース債務の返済による支出	△187	△1,382
自己株式の取得による支出	△4	△4,907
自己株式の売却による収入	－	5,009
配当金支払額	△10,527	△11,663
ストックオプションの行使による収入	1,094	1,006
財務活動によるキャッシュ・フロー	△11,340	△13,862
現金及び現金同等物に係る換算差額	△768	△250
現金及び現金同等物の増減額（△は減少）	39,130	40,737
現金及び現金同等物の期首残高	60,923	100,053
現金及び現金同等物の期末残高	※ 100,053	※ 140,791

　図表3－6に基づいて計算構造を説明すると，①現金及び現金同等物の増加額は，②**営業活動**によるキャッシュ・フロー，③**投資活動**によるキャッシュ・フロー，④**財務活動**によるキャッシュ・フローにおけるすべての金額を加算したものです。つまり，キャッシュ・フロー計算書上では「②＋③＋④＝①」という方程式が成り立ちます。

　また，外貨建てによる現金及び現金同等物の円換算での差額がある場合は，現金及び現金同等物の期末残高には反映されますが，キャッシュ・フローを表すものではないので3区分（②，③，④）には含めず，⑤現金及び現金同等物に係る換算差額を設け，その金額に応じて現金及び現金同等物の増加額を加算または減算しなければなりません。

　⑥現金及び現金同等物の期首残高，⑦現金及び現金同等物の期末残高は，それぞれ期首と期末の貸借対照表における現金及び現金同等物の金額と一致するため，キャッシュ・フロー計算書における現金及び現金同等物の増加額を「①＝⑦－⑥」という方程式によって検証することができます。

4．キャッシュ・フロー計算書の区分表示

　キャッシュ・フロー計算書では，営業活動によるキャッシュ・フローとして，「営業損益計算の対象となった取引のほか，投資活動及び財務活動以外の取引によるキャッシュ・フロー」が記載されます（C/F作成基準，第二，二，1の①）。つまり，営業活動によるキャッシュ・フローは，商品販売による収入，商品購入による支出，従業員等の報酬による支出といった営業損益計算の対象となる取引によるものと，災害による保険金収入や損害賠償の支払といった投資活動及び財務活動以外の取引によるものという2種類の取引に基づくキャッシュ・フローを含んでいます。この金額は，主たる営業活動に深く係わるため，キャッシュ・フロー分析を行う上での基本的な指標となります。

　C/F作成基準では，営業活動によるキャッシュ・フローについて，2つの表示方法を選択適用することを認めています（第三，一）。まず1つは，主要な取引ごとに収入総額と支出総額を表

示する**直接法**であり，もう1つは純利益に必要な調整項目を加減して表示する**間接法**です。このような選択適用が認められる理由は，直接法には主要な取引毎の総額表示という長所があるものの，短所として手続きの煩雑さという面があるのに対し，間接法では純利益と営業活動によるキャッシュ・フローとの関係が明示できるという長所があると考えられているからです。キャッシュ・フロー計算書の営業活動によるキャッシュ・フローに記載される項目について，直接法と間接法の場合では次のように異なります。

図表3－7　営業活動によるキャッシュ・フローに記載される項目（直接法と間接法）

直接法		間接法	
営業活動によるキャッシュ・フロー		営業活動によるキャッシュ・フロー	
営業収入	＊＊＊	税引前当期純利益	＊＊＊
原材料又は商品の仕入れによる支出	△＊＊＊	減価償却費	＊＊＊
人件費の支出	△＊＊＊	減損損失	＊＊＊
その他の営業支出	△＊＊＊	貸倒引当金の増減額（△は減少）	＊＊＊
小計	＊＊＊	受取利息及び受取配当金	△＊＊＊
利息及び配当金の受取額	＊＊＊	支払利息	＊＊＊
利息の支払額	△＊＊＊	為替差損益（△は益）	＊＊＊
損害賠償金の支払額	△＊＊＊	有形固定資産売却損益（△は益）	＊＊＊
・・・・・・・・・・・・・・	＊＊＊	損害賠償損失	＊＊＊
法人税等の支払額	△＊＊＊	売上債権の増減額（△は増加）	＊＊＊
営業活動によるキャッシュ・フロー	＊＊＊	たな卸資産の増減額（△は増加）	＊＊＊
		仕入債務の増減額（△は減少）	＊＊＊
		・・・・・・・・・・・・・・	＊＊＊
		小計	＊＊＊
		利息及び配当金の受取額	＊＊＊
		利息の支払額	△＊＊＊
		損害賠償金の支払額	△＊＊＊
		・・・・・・・・・・・・・・	＊＊＊
		法人税等の支払額	△＊＊＊
		営業活動によるキャッシュ・フロー	＊＊＊

　次に，投資活動によるキャッシュ・フローとして，「固定資産の取得及び売却，現金同等物に含まれない短期投資の取得及び売却等によるキャッシュ・フロー」が記載されます（C/F作成基準，第二，1の②）。C/F作成基準や財務諸表等規則によれば，投資活動によるキャッシュ・フローは，建物やのれんなどといった有形及び無形の固定資産の取得や売却によるもの（ただし，財務諸表等規則では有形固定資産のみを挙げている），現金同等物を除く有価証券（たとえば株式等）の取得や売却によるもの，貸付けとその回収によるものという3種類の取引に基づくキャッシュ・フローを含んでいます。投資活動とは，将来的に利益を得る目的のため，事業に資金を投下する活動のことです。そこで，どれだけの資金が投下されたのかについて，投資活動によるキャッシュ・フローで表されます。そのため，投資活動によるキャッシュ・フローの金額は，将来的に企業が利益を得ることができるかどうかを予測する上で重要な指標であるといえます。

　さらに，財務活動によるキャッシュ・フローとして，「資金の調達及び返済によるキャッシュ・フロー」が記載されます（C/F作成基準，第二，1の③）。つまり，短期借入・返済に伴う収入・支

出，長期借入・返済に伴う収入・支出，有形固定資産の取得・売却に伴う収入・支出，社債の発行・償還に伴う収入・支出，株式の発行による収入，自己株式の取得による支出，その他財務活動に係るキャッシュ・フローが含まれます。

　財務活動は，財産を管理・運営するための活動であり，どれくらい資金の調達や運用が行われたのかを表すのが財務活動によるキャッシュ・フローです。そのため，財務活動によるキャッシュ・フローの金額は，営業活動によるキャッシュ・フローと，投資活動によるキャッシュ・フローとの関係から重要な指標であるといえます。なぜなら，営業活動によるキャッシュ・フローで賄うことができない投資活動によるキャッシュ・フローのマイナスが，財務活動によるキャッシュ・フローで調整されたり，逆に営業活動によるキャッシュ・フローにより投資活動によるキャッシュ・フローが十分賄うことができれば，借入金の返済等といった財務活動によるキャッシュ・フロ
ーに回されることがあるからです。

第4節　株主資本等変動計算書

1．株主資本等変動計算書が導入された経緯

　わが国において，これまで資本の部は株主の払込資本と留保利益に区分する考え方によって記載が行われてきました。そのため，個別財務諸表では損益計算書で当期未処分利益の計算が示されたうえで，利益処分計算書（または損失処理計算書）が開示されてきました。

　1998年6月に企業会計審議会は「連結財務諸表原則」を改訂しました。子会社の資本のうち親会社に帰属しない部分は少数株主持分（現在では非支配株主持分）として，負債と資本の部の中間にある独立の項目として，負債の部の次に記載するとされました。また，1999年1月に企業会計審議会から公表された「金融商品に係る会計基準」において，その他有価証券に係る評価差額（その他有価証券評価差額金）について，損益計算書を経由せずに資本の部に直接計上する考え方が導入されました。同年10月に改訂された「外貨建取引等会計処理基準」では，在外子会社等がある場合に生じる換算差額（為替換算調整勘定）も連結貸借対照表の資本の部に直接計上されるようになりました。さらに，2005年12月に公表された「ストック・オプション等に関する会計基準」では，「ストック・オプションを付与し，これに応じて企業が従業員等から取得するサービスは，その取得に応じて費用計上し，対応する金額をストック・オプションの権利の行使又は失効が確定するまでの間，貸借対照表の純資産の部に新株予約権として計上する」（第4項）とされています。

　株主資本だけではなく，少数株主持分（現在では非支配株主持分），その他有価証券評価差額金，為替換算調整勘定，新株予約権といった株主資本以外の各項目を含めた貸借対照表における純資産の部の表示を定めるために，2005年12月に企業会計基準委員会から「貸借対照表の純資産の部の表示に関する会計基準」および同適用指針が公表されました。さらに，同年同月に株主資本等変動計算書の表示区分および表示方法等を定めた「株主資本等変動計算書に関する会計基準」および同適用指針が公表されました。

2．株主資本等変動計算書の意義と役割

　会社法において，株式会社は株主総会または取締役会の決議によって剰余金の配当をいつでも決定でき，また株主資本の計数をいつでも変動させることができることとされました（453条，454条 1 項）。そのため，財務諸表のうち貸借対照表と損益計算書だけでは，株主資本等の金額を連続的に把握することが困難になりました。そこで，これまで個別財務諸表で開示されていた利益処分計算書（または損失処理計算書）や連結財務諸表において開示されていた連結剰余金計算書が廃止され，個別ベースでいえば株主資本等変動計算書，連結ベースでいえば連結株主資本等変動計算書が作成されるようになりました。こうして，国際的な会計基準と同様に「株主資本等変動計算書」が財務諸表の 1 つとして位置づけられるようになりました。

　また，従来の企業会計では貸借対照表における資本の区分に関して，「資本金に属するものと剰余金に属するものとに区別しなければならない」（企業会計原則，第三，四，三）とされていました。しかし，2005年12月に企業会計基準委員会から公表された「貸借対照表の純資産の部の表示に関する会計基準」では資本の部が**純資産の部**となり，さらに「株主資本と株主資本以外の各項目」に区分すると改められました。そのため，資産や負債，さらには株主資本に該当しないものも純資産の部に記載されるようになりました。そこで，貸借対照表の純資産の部における各項目の前期末および当期末の残高について，株主資本等変動計算書の各項目の前期末および当期末の残高と整合させたうえで，株主資本およびそれ以外の各項目の当期変動額を株主資本等変動計算書で表示することになりました。

3．株主資本等変動計算書の表示原則

　会社法において，純資産は株主資本とそれ以外（個別であれば，評価・換算差額等，新株予約権，非支配株主持分）に分類されます。このうち，株主資本は，資本金，資本剰余金，利益剰余金から構成され，それぞれの計数については一定の手続きを経れば変更することができます。さらに，金銭等による剰余金の配当や自己株式の取得も行うことができます。このような株主資本とそれ以外の変動や当期純利益（または当期純損失）の計上による**純資産の変動状況**について表示するために，株主資本等変動計算書が作成されます。

　株主資本等変動計算書の作成方法は，会社計算規則および「株主資本等変動計算書に関する会計基準」によって定められています。2005年12月に企業会計基準委員会から公表された「株主資本等変動計算書に関する会計基準の適用指針」では，純資産の各項目について横に並べる様式例と縦に並べる様式例が示されていました。また，2008年 3 月に改正された財務諸表等規則では，株主資本等変動計算書の様式は純資産の各項目について縦に並べる様式を示していました。これは，金融庁がEDINET（金融商品取引法に基づく有価証券報告書等の開示書類に関する電子開示システム）の表現形式をXBRLに統一するという理由によるものでした。その後，金融庁の次世代EDINETへの移行に伴い，2013年 8 月に「財務諸表等の用語，様式及び作成方法に関する規則等の一部を改正する内閣府令」が公布され，縦に並べる様式から横に並べる様式に変更されました。

　以下に，株式会社ニトリホールディングスの連結株主資本等変動計算書を掲載します。

図表 3 - 8　株式会社ニトリホールディングスの2020年度連結株主資本等変動計算書

当連結会計年度（自 2019年 2 月21日　至 2020年 2 月20日）

（単位：百万円）

	株主資本				
	資本金	資本剰余金	利益剰余金	自己株式	株主資本合計
当期首残高	13,370	19,841	472,755	△7,727	498,240
当期変動額					
剰余金の配当			△11,679		△11,679
親会社株式に帰属する当期純利益			71,395		71,395
自己株式の取得				△5,012	△5,012
自己株式の処分		5,232		1,865	7,098
株主資本以外の項目の当期変動額（純額）					
当期変動額合計	－	5,232	59,716	△3,147	61,801
当期末残高	13,370	25,074	532,471	△10,875	560,042

	その他包括利益累計額				新株予約権	純資産合計
	その他有価証券評価差額金	為替換算調整勘定	退職給付に係る調整累計額	その他の包括利益累計額合計		
当期首残高	947	901	△367	1,481	470	500,192
当期変動額						
剰余金の配当						△11,679
親会社株式に帰属する当期純利益						71,395
自己株式の取得						△5,012
自己株式の処分						7,098
株主資本以外の項目の当期変動額（純額）	△197	△740	△14	△951	△180	△1,132
当期変動額合計	△197	△740	△14	△951	△180	60,669
当期末残高	750	161	△382	529	289	560,861

４．株主資本等変動計算書の区分表示

　図表 3 - 8 の計算書に基づいて説明すると，その表示項目は株主資本とそれ以外の大きく 2 つに分類されます。

　まず，株主資本の各項目は，当期首残高，当期変動額および当期末残高に区分されます（株主資本等変動計算書に関する会計基準，6）。特に当期変動額については，たとえば利益剰余金であれば剰余金の配当のように変動事由ごとにその金額を表示します。連結損益計算書の親会社株主に帰属する当期純利益（または当期純損失）については，図表 3 - 8 の連結株主資本等変動計算書

では利益剰余金の変動事由として表示します。また，個別の株主資本等変動計算書であれば，個別の損益計算書の当期純利益（または当期純損失）については，その他利益剰余金または繰越利益剰余金の変動事由として表示されます。

　次に，株主資本以外の各項目も，当期首残高，当期変動額および当期末残高に区分されますが，当期変動額については株主資本の各項目と異なり，原則として純額で表示します。しかし，例外として注記による開示も含めて主な変動事由ごとにその金額を表示することもできます。

—— 練 習 問 題 ——

問題 3 − 1

　貸借対照表の役割と特徴について説明しなさい。

問題 3 − 2

　損益計算書の役割と特徴について説明しなさい。

問題 3 − 3

　キャッシュ・フロー計算書が導入された経緯とその特徴について説明しなさい。

問題 3 − 4

　株主資本等変動計算書が導入された経緯とその特徴について説明しなさい。

◆ 参考文献 ◆

［1］桜井久勝『財務会計講義（第21版）』中央経済社，2020年。

［2］佐藤信彦編著『スタンダードテキスト財務会計論Ⅰ基本論点編（第13版）』中央経済社，2020年。

［3］有限責任監査法人トーマツ編著『純資産会計』清文社，2011年。

第4章　資産会計

第1節　資産会計の基礎

1．資産の概念と分類基準

　資産は，企業の財政状態を表す貸借対照表において，借方に表示される科目です。貸借対照表では資産を上から，流動資産，固定資産，繰延資産と大きく3つに区分し，固定資産をさらに有形固定資産，無形固定資産，投資その他の資産に区分して表示しています。しかし，これらは資産が最終的にどのように表示上取り扱われるかであり，何が資産であるかを示しているわけではありません。

　では，わが国の財務会計においては，いかなる内容のものがそもそも資産に該当するのでしょうか。一般的に資産といえば，現金，建物，土地など形あるものをイメージすると思いますが，経済機構の発達した今日においては，特許権のように姿形を有していませんが，価値を有するものがあります。また，日常生活で資産といえば一般的には所有権を有するものを想像すると思いますが，複雑化した今日の企業取引においては，所有権を有しないが企業にとって排他独占的に価値を発揮する形態のものがあります。

　ここで，企業会計基準委員会（ASBJ）が公表している討議資料『**財務会計の概念フレームワーク**』においては，資産を「過去の取引または事象の結果として，報告主体が支配している経済的資源」と定義しています。そこで指摘される資産の条件とは，①経済的資源であること，②企業が支配していること③過去の取引または事象の結果であること，というものです。これによれば，資産の条件として第一に，資産は経済的資源でなければなりません。資産は経済的便益，すなわち企業のキャッシュ獲得に貢献する経済的便益の集合体であればよく，この条件を満たす限り，有形のもののみならず，のれんのような無形のものであっても資産になりうることになります。

　第二に資産の条件としてあげられるのは，企業がその経済的資源を支配しているかどうかです。支配しているとは，排他的にその経済的資源を利用できることであり，所有権の有無とは一致しません。というのも，今日，企業が所有権を有していても利用できない経済的資源というものもありますし，その逆に所有権を有していなくてもその企業だけが利用でき，他の企業が利用できないという資源も存在するため，所有権の有無を資産の条件としますと，貸借対照表が企業の財政状況の実態を表現しなくなってしまうという問題があるからです。この条件により影響を受ける代表的な例がリース資産です。たとえばリースにより調達したため企業が所有権を有しない資産であっても，長期間その企業が所有しているかのごとく排他的に利用できるものであれば，一

定の条件のもとに資産に計上されます。

　第三の条件として，過去の取引または事象であることというのがありますが，これにより将来の取引は含まれず，取引でない企業の「意思」なども資産となりえないことになります。

　また上記の条件に加え，貨幣額で測定できることも資産の条件と考えられています。企業の保有する人員などは，将来企業がキャッシュ・フローを獲得する源泉としての価値を有していますが，貨幣額で測定できないため資産計上はできません。

　これらの資産をいくつかのまとまりに分類する上での基準を資産の分類基準といいますが，これには，①流動資産と固定資産②貨幣性資産と非貨幣性資産③金融資産と事業資産という３つの考え方があります。

①　流動資産と固定資産

　企業の支払い能力または財務流動性を重視する考え方によれば，資産は**流動資産**と**固定資産**に分類されます。この分類は，短期支払い能力のあるものを流動資産とし，長期的な資金運用形態にあるものを固定資産として分類する方法です。この方法は具体的には**正常営業循環基準**と**１年基準**という２通りのものがあり，前者は主たる営業の循環過程，すなわち現金預金→棚卸資産→売掛金→受取手形→現金預金というサイクル上にある資産は原則として流動資産，そのサイクル外にある資産を固定資産とする考えであり，後者は貸借対照表日の翌日から起算して１年以内に現金化される資産を流動資産，１年を超えて現金化されるか現金化を予定しない資産を固定資産として分類する考え方です。

　この分類基準は貸借対照表の表示面において用いられ，すなわち現行の財務会計においては，まず正常営業循環基準を主として，まず流動資産の分類を行い，さらに正常の営業循環過程にないものに１年基準を適用して短期項目を流動資産，長期項目を固定資産に分類表示するという両者の折衷法が用いられています。企業は，資産を原則として流動性の高いものから順に表示するものとされており，これを流動性配列法といいます（貸借対照表原則三）。この分類方法を表示面で適用することにより，流動性比率，当座比率などの各種財務分析が可能となります。

②　貨幣性資産と非貨幣性資産

　資産を資本の循環という面で分類すると，「**貨幣性資産**」と「**非貨幣性資産**」に分類されます。貨幣性資産とは，現金預金，売掛金，受取手形などのようにこれから商品，有価証券などに投下される資本として循環過程上待機状態にあるものをいいます。これに対し非貨幣性資産とは，貨幣性資産以外の資産であり，投下資本の運用状態にあるものです。非貨幣性資産のうち，それが損益計算において将来費用となる商品や機械のような資産を「**費用性資産**」ということがあります。たとえば，有価証券，土地は支払い手段でありませんから非貨幣性資産ですが，売上原価，減価償却のように費用化されるわけではありませんので費用性資産ではありません。この分類は，資産と損益計算を考える上で重要です。

③　金融資産と事業資産（非金融資産）

　わが国の財務会計は永らく表示面では①の分類を，処理面では取得原価主義を基本とする②の分類を用いてきましたが，時価が重視される今日では資産評価上さまざまな問題が生じることから，従来の分類に修正を行ったものです。すなわち資産を企業資金の運用形態により「**金融資産**」

と「事業資産」（非金融資産ともいいます）に区分し，金融資産には時価評価を原則とするものです。この分類は資産の評価を考える上で用いられます[1]。

2．資産の評価基準

　資産の評価基準とは，資産をいかなる時点のいかなる金額によって評価するべきかという基準です。時点には過去，現在，将来の３つがあり，金額には購入市場のものと販売市場のものがありますので，これらの組み合わせにより，４通りの評価基準を考えることができます（図表4－1）。ここで過去に売ったら，将来買ったらということは意味がありませんので，過去の販売と将来の購入は資産の評価基準として存在しません。

図表 4 - 1　資産の評価基準

	過去	現在	将来
購入市場	取得原価	取替原価	―
販売市場	―	売却時価 正味実現可能価額	（割引）現在価値

（出典：広瀬 ［4］，p.170）

（1）取得原価

　取得原価とは過去の購入市場の価格，すなわち資産の評価においては当該資産を取得したときに実際に成立した取引価額のことです。**取得原価主義**とは，資産評価の基礎をこの取得原価に求めようとする考え方であり，**原価基準**ともいわれます。現行の企業会計は，収益の認識基準において未実現利益の計上を認めない実現主義を採用していますが，資産の評価基準にこの取得原価主義を採用することは，未実現利益を排除するものでありますから，実現主義と深く結びついた資産の評価基準です。

　また，取得原価主義は，会計数値を実際の取引価額に基づいて算定するものであり，会計数値の検証可能性を有しているため，計算の客観性と確実性も確保されます。

（2）取替原価（再調達原価）・正味実現可能価額

　取替原価（再調達原価ともいいます）は，現在その資産をもう一度購入したならばいくらかという金額のことであり，**正味実現可能価額**は，現在その資産を売却した場合の金額から補修費など売却後に負担を強いられるアフターコストを差し引いた，正味の売却金額と考えられる価額のことです。前者は購入市場に注目したものであり，後者は販売市場に注目したものといえます。この両者はいずれも現在の価額すなわち，時価を基準とするものであり，これらのいずれかを用いて資産を評価しようとする考えを時価基準といいます。購入市場の時価を用いて資産を評価する取替原価による時価主義は，その資産を再び調達するのに必要な金額をもって資産を表現するわけですから，資本維持をしていく場合に必要な考えです。一方，販売市場における時価を用いた正味実現可能価額による時価主義は，債権者保護のための弁済能力を資産に求める場合に必要な考えです。

（3）割引価値

　割引価値は，将来その資産から得られる現金収入額を，現在の価額に一定の利子率により割り引いた金額の総和のことです。資産の本質を**用役潜在力**（サービスポテンシャルズ）と考える資産観によれば，この割引価値はそれと最も整合的な資産の評価基準であるといえます。この割引価値基準は，将来の価額を用いるものではありますが，現在価値に割り引いていることから，広義には時価主義に含まれると考えられています。

第2節　金融資産

1．概念・背景

　従来，資産については長らく前述の取得原価主義，すなわち資産を取得原価で計上し，その後はそれを据え置く方法により処理が行われてきました。しかし，デリバティブに代表される金融技術の発展によりさまざまな金融商品が生じてきますと，このような資産については何をもって取得とするか，また，貸借対照表に開示するのは，どこまでをもってすべきか，また金融商品の時価が貸借対照表価額と大幅に乖離し，多額の含み損を抱え，貸借対照表が財政状態を適切に開示しないなどの諸問題が発生してきました。そこで1999年に当時の企業会計審議会は，このような状況に対処すべく，「金融商品に係る会計基準（現在は金融商品に関する会計基準へと改正。以下金融商品会計基準）」を公表し，このような問題の解決を図りました。すなわち，金融資産（負債）なる概念を導入し，このような資産については，前述の諸問題および国際的調和化を考え時価で評価すべきであり，また市場が存在することにより時価は客観的であり許容されるという理由により，従来の取得原価主義を修正し時価評価を原則としました。

　ここで**金融資産**とは，現金預金，受取手形，売掛金及び貸付金などの金銭債権，株式その他の出資証券及び公社債等の有価証券並びに先物取引，先渡取引，オプション取引，スワップ取引等のデリバティブ取引により生じる正味の債権等をいいます（金融商品会計基準，4）。

2．金融資産の発生と消滅の認識

　前述のように，昨今の金融商品については，財務要素が複雑に組み合わさった存在であることから，どの時点で資産として生じたものとして認識するかが問題となります。これを「金融商品会計基準」では，**発生の認識**とよび，具体的には，売買契約による売掛金，金銭消費貸借契約による貸付金などのように，金融資産の権利を生じさせる契約を締結した時がその金融資産の認識時点とされます。

　また，すでに貸借対照表に計上されている金融資産が貸借対照表から除かれることを，**消滅の認識**と呼んでいます。消滅の認識基準としては，権利を行使し，または権利を喪失した場合のほか，契約上の権利の支配が他に移転したときというのがありますが，これにつき，金融資産を構成する経済価値とリスクを一体のものとみなし，それらのほとんどすべてが他に移転した場合に消滅を認識する方法（**リスク経済価値アプローチ**）と，金融資産を構成する財務要素に対する支配が他に移転した場合に消滅を認識する方法（**財務構成要素アプローチ**）という2つの考えがありま

す。金融商品は財務構成要素に分解したほうが財務諸表にその実態をより精緻に表現できるため，基準は後者の考えを採用しています。この考えによりますと，すなわち売掛金は元本と回収に要するアフターコスト，さらに貸倒リスクという財務構成要素に分解して資産認識されることになります。

3．金融資産の評価基準

（1）金銭債権

　売掛金，受取手形，貸付金のような金銭債権は金融資産ですから，本来「**金融商品会計基準**」によれば，時価で評価するということも考えられますが，これらについては例外的に時価で評価せず，原価で評価します。というのも，これらについては市場がないケースが多く，客観的な時価を用いることが困難と考えられるからです。したがって金銭債権の貸借対照表価額は，取得価額から貸倒見積高に基づいて算定された貸倒引当金を控除した価額によって評価します（金融商品会計基準14，注5）。

　ただし，債権金額より低い価額または高い価額で取得し，その差額の性格が金利の調整と認められる場合には，取得価額にその金利相当差額を毎期加算調整した金額（償却原価）をもって貸借対照表価額としなければなりません。なぜなら，このような場合には，当該差額は一時の収益ではなく時間の経過に応じた利息として各期において認識されるべきであると考えられるからです。

　金銭債権からは，貸倒引当金を控除しなければなりません。これにより金銭債権の貸借対照表価額が債務者の財政状態及び経営成績の悪化という事実を反映した現金回収見込額を表示し，また債権から生じる収益にその債権の貸倒損失を見積もりではありますが期間対応させることができるからです。金融商品会計基準では，貸倒引当金の設定に一定の基準を設けています。すなわち債権を債務者の財政状態及び経営成績に応じて①一般債権，②貸倒懸念債権，③破産更生債権等に区分し，それぞれについて貸倒見積高の算定方法を定めています（図表4－2）。

①　一般債権

　一般債権とは，経営状態に重大な問題が生じていない債務者に対する債権をいいます。一般債権に分類された金銭債権の貸倒見積高については，過去の同種債権における実際の貸倒損失額を各年度末の債権額で除すなどして求めた貸倒実績率等の合理的な基準を用いて貸倒見積高を算定します（**貸倒実績率法**）。

②　貸倒懸念債権

　貸倒懸念債権とは，経営破綻の状態には至っていませんが，債務の弁済に重大な問題が生じているか又は生じる可能性が高い債務者に対する債権をいいます。

　貸倒懸念債権に分類された金銭債権の貸倒見積高は，**財務内容評価法**又は**キャッシュ・フロー見積法**のいずれかの方法により算定します。ここで，財務内容評価法とは，債権額から担保の処分見込み額及び保証による回収見込み額を減額し，その残額について債務者の財政状態及び経営成績を考慮して貸倒見積高を算定する方法をいいます。

　また，キャッシュ・フロー見積法とは，債権の元本の回収及び利息の受取りにかかるキャッシュ・

フローを合理的に見積もることができる債権については，債権の元本及び利息について元本の回収及び利息の受取りが見込まれる時から当期末までの期間にわたり，当初の約定利子率で割り引いた金額の総額と，債権の帳簿価額との差額を貸倒見積高とする方法をいい，この方法は将来の回収可能額に時間価値を考慮した方法といえます。なお，同一の債権については，債務者の財政状態および経営成績の状況等が変化しない限り，同一の方法を継続して適用する必要があります。

③ 破産更生債権等

破産更生債権等とは，経営破綻または実質的に経営破綻に陥っている債務者に対する債権をいいます。破産更生債権等に分類された金銭債権の貸倒見積高は，財務内容評価法により算定します。すなわち，債権額から担保の処分見込み額及および保証による回収見込み額を減額し，その残額を貸倒見積高とします。

図表 4 - 2　貸倒引当金の設定方法

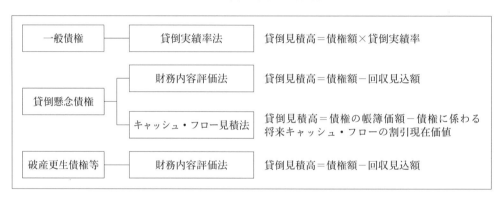

設例 4 - 1

1. 貸倒実績率法

　（株）新潟商事の決算整理前残高試算表における受取手形は285,000円，売掛金424,000円，貸倒引当金4,500円であった。これにつき，貸倒実績率法を用いて差額補充法により貸倒引当金設定の仕訳を行いなさい。ただし，貸倒実績率は1％とする。

2. キャッシュ・フロー見積法

　（株）村上運輸の決算整理前残高試算表における貸付金のうち600,000円は，三条商店に対するものである。この貸付金（利子は毎年決算日に1年分を受取，返済期日は現在より3年後）に対し，三条商店より当初の契約利子率3％を1％に引き下げて欲しいとの申し出があり，これを了承した。この貸付金に対し，貸倒引当金設定の仕訳を行いなさい。

　なお，計算上生じる円未満の端数は切り捨てるものとする。

3. 財務内容評価法

　（株）上越物産の決算整理前残高試算表における貸付金は，日本商事に対する600,000円（破産更生債権）であった。この貸付金に対しては，担保として土地の提供を受けており，担保処分見込み額は170,000円である。この貸付金に対し，貸倒引当金設定の仕訳を行いなさい。

【解答】

1．（借）貸倒引当金繰入　　2,590　　（貸）貸倒引当金　　2,590

　　　（285,000円＋424,000円）× 1 ％－4,500円＝2,590円

2．（借）貸倒引当金繰入　　33,945　　（貸）貸倒引当金　　33,945

　　　改定後の受取利息600,000円× 1 ％＝6,000円

よって各年分キャッシュ・フローの割引現在価値は

1 年目　6,000円× $\dfrac{1}{1.03}$ ≒5,825円

2 年目　6,000円× $\dfrac{1}{1.03^2}$ ≒5,655円

3 年目　（6,000円＋600,000円）× $\dfrac{1}{1.03^3}$ ≒554,575円

よって600,000円－（5,825円＋5,655円＋554,575円）＝33,945円

3．（借）貸倒引当金繰入　　430,000　　（貸）貸倒引当金　　430,000

　　　600,000円－170,000円＝430,000円

（2）有価証券

　有価証券とは，財産権を表彰する証券で，その権利の移転，行使が証券をもってなされるものをいいます。法律上の有価証券には，貨物代表証券のような物品証券と小切手などの貨幣証券のほか，国債のような資本証券がありますが，物品証券は未着品勘定を使用し，小切手は現金預金勘定で扱われるので，会計上有価証券として扱われるものは，株，社債，国債などの資本証券のみです。金融商品会計基準では，有価証券をその属性または評価目的によって，ア）売買目的有価証券，イ）満期保有目的の債券，ウ）子会社株式及び関連会社株式，エ）その他有価証券の 4 つに分類しています[2]。

①　取得と売却

　有価証券を取得した場合には，その購入代価に付随費用を加算してその取得原価とします。有価証券を売却した場合には，単価計算により売却分の取得原価を求め，これと売却金額との差額を利益としますが，同一銘柄の有価証券を複数回にわたって取得している場合には，総平均法または移動平均法によってその売却分の有価証券の単価を求めなければなりません。

②　期末評価

ア）売買目的有価証券

　企業が余剰資金を運用して時価の変動から売買差益を得る目的で保有する有価証券は，時価をもって貸借対照表価額とします。このような有価証券については，どの企業にとっても時価に等しい価値を有しており，事業にまったく影響を及ぼすことなく市場で換金することができます。また，投資者にとっての有用な情報は有価証券の期末時点での時価に求められるものと考え時価評価を行います（金融商品会計基準, 15）。

イ）満期保有目的の債券

　満期まで保有する意図で保有する社債その他の債券は，取得原価または償却原価をもって貸借

対照表価額とします。このような有価証券については途中で時価が変動しても企業は売却するわけではありませんから時価を反映させる必要はないと考えられます。また金利相当額を適切に各期の財務諸表に反映させることが必要であるため，償却原価をもって貸借対照表価額とすることも必要であると考えられることが理由となっています（金融商品会計基準，16）。

ウ）子会社株式及び関連会社株式

子会社株式と関連会社株式は，その取得原価をもって貸借対照表価額とします。このような有価証券については，親会社等がこれらの企業を支配又は影響力を行使する目的で保有するものでありますから，たとえ市場価格があってもそれで処分するというわけではありません。したがってこれらの株式は金融資産であっても，その実質は事業用資産と考え時価評価すべきではないと考えられることがその理由となっています（金融商品会計基準，17）。

エ）その他有価証券

企業が保有する有価証券のなかには，売買目的有価証券や満期保有目的の債券，及び子会社や関連会社の株式のいずれにも該当しないものがあります。子会社や関連会社ほど保有比率は高くありませんが，企業間の関係強化を目的として保有される相互持合い株式などがあり，このような株式は「その他有価証券」とよばれます。

「その他有価証券」はその時価をもって貸借対照表価額とします。このような有価証券はその保有目的が明確に定められず，多様な性格を有しているため客観的な評価の基準を設けることが困難であること等から，一括して金融資産の評価における原則である時価評価によることとしたものです。ただし，この場合に生じる評価差額については，評価損益を直ちに当期の損益として処理することは適切ではないと考えられるため，「その他有価証券評価差額金」という勘定科目を用いて純資産の部に洗替方式により計上する方法が採用されています（**全部純資産直入法**）。

しかし，旧来の企業会計においては，低価法に基づく評価損が計上されていましたので，評価益が生じた場合には「その他有価証券評価差額金」として純資産に計上しますが，評価損が生じた場合には「有価証券評価損」として費用計上するという非対称的な処理（**部分純資産直入法**）との選択適用ができることとなっています（金融商品会計基準，18）。

＜仕訳例＞

1．売買目的有価証券の場合

取得（借）売買目的有価証券 ×××　（貸）当 座 預 金 ×××
売却（借）当 座 預 金 ×××　（貸）売買目的有価証券 ×××
　　　　　　　　　　　　　　　　　　　有価証券売却益 ×××
期末時価（借）売買目的有価証券 ×××　（貸）有価証券評価損益 ×××

2．その他有価証券の場合

取得（借）その他有価証券 ×××　（貸）当 座 預 金 ×××
売却（借）当 座 預 金 ×××　（貸）その他有価証券 ×××
　　　　　　　　　　　　　　　　　　　有価証券売却益 ×××

期末時価（借）そ の 他 有 価 証 券　×××（貸）その他有価証券評価差額金　×××
翌期首再振替仕訳
　　　（借）その他有価証券評価差額金　×××（貸）そ の 他 有 価 証 券　×××

第 3 節　棚卸資産

1．概念

　棚卸資産とは，生産・販売・管理活動を通じて売上収益をあげることを目的として費消される資産です。具体的には，商品，製品，半製品，仕掛品，貯蔵品という科目で表示され，貸借対照表の流動資産の部において，現金預金，受取手形，売掛金などの次に記載されます。棚卸資産は連続意見書第四において，以下のように区分定義されています。

①　通常の営業過程において販売するために保有する財貨又は用役

　通常の営業活動において販売対象となる資産のことです。会計においては，他企業から完成品を購入したものを「商品」といい，他方，自社で製造したものは「製品」といって両者を区別します。ここで土地は通常固定資産に区分されますが，不動産業者が販売するため保有するものは棚卸資産に該当しますので注意が必要です。

②　販売を目的として現に製造中の財貨又は用役

　将来製品となるべく製造中の未完成物品です。これは，さらに半製品と仕掛品とに区分されます。前者は製造中とはいえそのまま販売可能ですが，後者は通常販売不可能なものという違いがあります。

③　販売目的の財貨又は用役を生産するために短期間に消費されるべき財貨

　販売物を生産するための資産のことです。鉄鉱石，小麦粉などの原材料のほか，スパナなどの消耗工具器具備品も含まれます。勘定科目としては貯蔵品を使用します。

④　販売活動および一般管理活動において短期間に消費されるべき財貨

　販売活動，一般管理活動において使用される資産で，包装紙などの荷造品が該当します。勘定科目は貯蔵品を使用します。

　棚卸資産においては，取得原価をいくらにするかという取得原価の決定問題，それにより決定された取得原価を費消分と未費消分にわける原価配分の問題，さらに原価配分後の未費消分を期末にどのように評価するかという期末評価の問題，という 3 つの論点があります。

2．取得原価と費用化

（1）取得原価

　棚卸資産を計上するに当たり，まずはその取得原価を決定しなければなりませんが，取得の形態としては購入と製造という 2 形態があり，その形態ごとにそれぞれ決定方法が異なります。

①　購入の場合

　棚卸資産を購入した場合の取得原価は，購入代価に付随費用を加算して決定します。付随費用

70

には外部副費（引取運賃，運送保険料，購入手数料，関税）と内部副費（購入事務費，保管費，移管費）がありますが，購入代価にどこまで加算するかは売上収益との対応関係や金額的重要性を考慮して決定します。購入代価から仕入値引，仕入割戻し（リベート）を受けた場合には原則としてその金額を控除します。しかし，仕入割引については，それが仕入代金の早期支払いによる支払免除であることから金利による財務収益と考え，購入代価から控除せず営業外収益とします。

② 製造の場合

棚卸資産を自社で生産した場合，すなわち仕掛品・半製品・製品で表示される科目の取得原価は，適正な原価計算基準の手続きにより算定されたものとされています。具体的には，その生産のために要した原材料費・労務費・経費の額につき，企業会計審議会の「原価計算基準」に基づき計算した額によります。

（2）費用化

前述の方法により決定された取得原価を，今度は損益計算書にて売上原価となる費消原価と，貸借対照表で次期以降に繰り越される未費消原価にわける手続を行います。これを原価配分といいますが，この場合における費消原価は，当該棚卸資産の払出数量に払出単価を乗じて求められます。払出数量を把握する方法としては，以下の継続記録法と棚卸計算法があります。

① 払出数量把握の方法

ア）継続記録法

継続記録法は，棚卸資産の種類ごとに，商品有高帳等に受入数量・払出数量をその都度継続して記録し，その払出数量の合計量によって払出数量を決定する方法です。継続記録法は払出数量を直接的に把握でき，また常に在庫数量を帳簿上明らかにすることができます。

イ）棚卸計算法

棚卸計算法は，棚卸資産の実際有高を実地棚卸により把握し，これを繰越数量と受入数量との合計量から控除することによって払出数量を計算する方法です。棚卸計算法は，商品や製品の払出しの記録が必要とされないことから，継続記録法に比べて事務的には簡易といえます。しかし，払出数量を間接的に把握することから，減耗・盗難による数量の減少が自動的に払出数量に参入され，減耗・盗難による数量減少の事実を把握することはできません。

両者はこのように長所と短所がちょうど逆の関係になっていますが，両方を併用することによって，それぞれの長所を享受することができます。すなわち，期中の払出については継続記録法を用いて緻密な管理を行い，補完的に期末に棚卸計算法を用いることで，その差額計算により減耗・盗難を明らかにすることができます。

② 単価計算の方法

取得原価を費消原価と，未費消原価にわける原価配分の手続きにおいては，前述の払出数量を把握するとともに，それに乗じる単価を計算しなければなりません。棚卸資産の単価計算の方法としては，以下の方法があります[3]。これらは原価の流れをどのように解釈するかという考えの相違が，それぞれの計算方法の相違点となって現れています（棚卸資産の評価に関する会計基準，6－2）。

ア）個別法

個別法とは，個々の棚卸資産を受け入れたとき，それぞれの取得原価を別個に把握しておき，個々の資産を払い出す都度，その資産の取得原価を払出単価とする方法です。この方法は物品を1つ1つ個別に管理せねばならず，大変な手間がかかりますが，払い出したてのものの取得原価がそのまま費消原価となりますので，物の流れと原価の流れが完全に一致する方法ではあります。したがって，この方法は宝石，不動産など，個々の個別性が著しく，金額も比較的大きな棚卸資産に適しており，同一規格の大量生産品には適していません。

イ）先入先出法

先入先出法とは，最も古く取得されたものから順次払出が行われ，期末棚卸品は最も新しく取得されたものからなるという物の流れの仮定に基づき，払出単価を計算する方法です。この方法は，この計算上の仮定が一般的な物の流れとだいたい一致するという意味において合理的といえます。しかし，インフレ局面，すなわち物価上昇時においては先に取得した古い取得原価によって払出が行われるので，費消原価が古い貨幣価値を反映することになり，結果として棚卸資産を保有していた期間の物価水準上昇による利益が売上総利益に含まれてしまうという問題点があります[4]。

ウ）平均法

平均法は払出単価の計算において平均単価を用いる方法ですが，期末に一括で平均単価の算定を行う**総平均法**と，その都度行う**移動平均法**に区別されます。すなわち総平均法とは期末において，期首繰越品と当期受入品の取得原価の合計額を期首数量と当期受入数量の合計数量で除した単価をもって，期中費消分の払出単価及び期末未費消分の単価とする方法です。総平均法は，このような計算上の特徴をもっているため，期中払出及び期末棚卸分の単価がすべて同一となります。しかし，期末にならなければ，当期受入品の数量も取得原価も確定しないため払出単価を計算することができないという欠点があります。これに対し移動平均法とは，単価の異なる棚卸資産を受け入れる都度，前回払出後の残高金額とその時点における受入金額の合計額を，合計数量で除して，払出単価を計算する方法です。移動平均法は，総平均法と異なり，払出の都度その単価を計算することができます。しかし，総平均法に比べて計算が煩雑になるという欠点があります。

エ）売価還元法

売価還元法とは，値入率の類似性に基づく棚卸資産のグループごとの期末売価合計額に原価率を乗じて求めた金額を期末棚卸資産の価額とする方法です。スーパー，コンビニエンスストア等の小売業では取扱い品種がきわめて多く個々の把握が難しいことから簡便的にこの方法が用いられています。

3．評価基準

棚卸資産の決定された取得原価につき，前述の方法により原価配分を行うことによって，期末に未費消分の原価が把握されることはすでに述べた通りです。未費消分の棚卸資産については，払出，棚卸減耗などの数量的減少を経た後なので，もはや数量的減少を考慮する必要はありませ

んが，価値的減少，すなわち，時価が原価よりも下落している場合には，それを考慮する必要が生じます。具体的には，時価下落の原因として傷，汚れなどの品質低下，流行遅れによる旧式化などの機能的陳腐化，相場の下落があります。

「棚卸資産の評価に関する会計基準」においては，これら時価下落につき，「通常の販売目的で保有する棚卸資産は，取得原価をもって貸借対照表価額とし，期末における正味売却価額が取得原価よりも下落している場合には，当該正味売却価額をもって貸借対照表価額とする」と規定しています。

設例4−2

物価上昇局面にある次の棚卸資産につき，①先入先出法，②移動平均法および③総平均法を採用した場合の売上原価，期末棚卸高，売上総利益を求め，上記特徴の確認をすること。

    8/1　前月繰越　10個　@100円
    8/10　仕　入　10個　@150円
    8/30　売　上　10個　@250円（売価）
    8/31　仕　入　10個　@200円

【解答】
① 先入先出法
　　売上原価　　10個×@100＝1,000円
　　期末棚卸高　10個×@150＋10個×@200＝3,500円
　　売上総利益　売上高10個×@250円−売上原価 1,000円＝1,500円

② 移動平均法
　　売上原価　　10個×@125（＊）＝1,250円　　＊（10個×@100＋10個×@150）÷20個＝@125
　　期末棚卸高　10個×@125（＊）＋10個×@200＝3,250円
　　売上総利益　売上高10個×@250円−売上原価1,250円＝1,250円

③ 総平均法
　　売上原価　　10個×@150（＊）＝1,500円
　　＊（10個×@100＋10個×@150＋10個×@200）÷30個＝@150円
　　期末棚卸高　20個×@150（＊）＝3,000円
　　売上総利益　売上高10個×@250−売上原価1,500円＝1,000円

第4節　固定資産

1．概念

固定資産とは，企業が長期に渡って使用または収益する目的で保有する資産のことです。固定資産は，その形態的な特徴に従い，有形固定資産，無形固定資産，投資その他の資産という3つに区分されます（企業会計原則第三，四）。ここで有形固定資産とは，建物のように固定資産のう

ち物理的な形態を有するものをいい，無形固定資産とは著作権のように物理的形態をもたない法律などの権利を中心とするものをいいます。また，投資その他の資産とは長期貸付金や投資有価証券などのように主に現金化されるのが 1 年を超える金融資産をいいます。

2．有形固定資産

　有形固定資産とは，原則として，企業が一年以上使用することを目的として保有する資産のうち，物理的な形態をもつものをいいます。具体的には，建物や機械装置などのように，使用や時の経過により価値が減少する減価償却資産，鉱山や山林などのように，採取によって物理的な減少が生ずる減耗性資産，土地や美術品のように，通常は価値の減少を生じない非償却資産，さらには建設中の固定資産を表す建設仮勘定に大別されます。

（1）取得原価と減価償却

　固定資産会計においては，棚卸資産同様に， 3 つの課題が存在します。すなわち，①取得原価をいかに決定するか，②決定された取得原価をいかに配分するか，③期末評価をどのように行うかです。以下，これらの課題につき区分して述べます。

①　取得原価の決定

　有形固定資産の取得原価の決定は，続く課題である原価配分と期末評価に影響を与えるため非常に重要です。有形固定資産の取得の形態には購入，自家建設，現物出資，交換，贈与があり，それに従い，取得原価の決定方法も以下のように異なります。

ア）購入の場合

　有形固定資産を購入により取得した場合には，棚卸資産同様，購入代価に購入手数料などの付随費用を加算した金額をもって取得原価とします。ただし，付随費用のうち重要性の乏しいものは取得原価に含めずに一時の費用とすることができます。なお，購入代価につき値引きや割戻しがあった場合には，これらを控除した金額をもって取得原価としますが，割引の場合には金利的性質を有することから購入代価から控除できず営業外収益としなければならないことは棚卸資産と同様です。

イ）自家建設の場合

　有形固定資産を**自家建設**により取得した場合には，適正な原価計算基準に従って算定された価額をもって取得原価とします。ここで，建設に当たり必要な資金を借入れにより調達する場合，支払利息が生じますが，この支払利息は財務費用であることから営業外収益として取扱い，本来原価に算入しないのが原価計算上の原則です（原価計算基準，五）。ただし，この有形固定資産の自家建設においては，建設に要する借入資本の利子で稼動前の期間に属するものは，例外的に取得原価に算入することができます。これは設備稼動前には対応せしめるべき収益が生じないことから，いったん取得原価に含め，減価償却を通じて稼動後の収益に対応させるという費用収益対応の原則に基づく規定です。

ウ）現物出資の場合

　有形固定資産を**現物出資**により取得した場合には，出資者に対して交付された株式の発行価額

をもって当該有形固定資産の取得価額とします（貸借対照表原則，第三，五，D）。これは現物出資においては，出資された資産の公正な評価額に等しい株式を交付することが一般的であることから，この交付された株式の発行価額が当該資産の公正な評価額を反映すると考えられることが前提となっています。

エ）交換の場合

有形固定資産を交換により取得した場合には，その交換の形態によって取得原価の決定方法は大きく2通りに分かれます。すなわち，交換に供する資産が同種資産の場合と異種資産の場合です。まず，交換に供する資産が同種資産の場合，すなわち，有形固定資産同士の交換の場合，それが等価交換であれば，交換に供する資産と交換により取得する資産との間に投資が連続しているものと見ることができます。したがって，交換に供する資産の取得原価が新資産に継続するものと考え，交換に供する有形固定資産の取得原価をもって，新資産の取得原価とします。

しかし，たとえば有形固定資産を取得するにあたり，保有している有価証券を差し出したような異種資産との交換の場合には，交換前の資産と交換後の資産の間に投資が連続しているものと見ることはできません。したがって，このような場合，交換に供した有価証券の時価または適正な簿価をもって，交換により新たに取得する有形固定資産の取得原価とします（連続意見書第三）。これは，異種資産の交換は，形式上途中の金銭が省略されていますが，実質的には交換に供する有価証券をいったん時価で売却してその対価で有形固定資産を取得したものと見ることができるためです。したがって，この場合，有形固定資産同士の交換と異なり交換差損益が生じます。また，交換に供した有価証券の時価に加えその簿価を用いることもできますが，これはその有価証券の簿価がその時価とそれほど乖離していない場合に適用することができます。

オ）贈与の場合

有形固定資産を贈与により取得した場合には，その有形固定資産の時価等を基準とした公正な評価額をもって取得原価とします（貸借対照表原則，第三，三，F）。贈与の場合，有形固定資産を無償で取得しているわけですからその取得の対価はゼロであり，ゼロとすべきであるという考えもありますが，有形固定資産の用役潜在力は確かに存在しており，これを計上しないと企業の財政状態と経営成績の真実な報告を歪める結果となることから，贈与された有形固定資産については贈与時の**公正な評価額**をもってその取得原価としています。

設例 4 − 3

次の固定資産取得につき取得原価を決定しなさい。

1．自家建設の場合

湯沢建設（株）は，当期中に資材用倉庫4,000,000円の自家建設を開始し，完成後即使用に供している。この建設にあたり借入を行い，これにつき支払った利子が500,000円（倉庫稼働前のもの100,000円，稼働後のもの400,000円）であった。なお，取得原価に算入できる支出は算入するものとする。

2．交換による固定資産取得（固定資産→固定資産）の場合

当社は所有建物（簿価20,000,000円，時価23,000,000円）と交換により村上商事（株）よりビル（先方簿価19,000,000円，時価21,000,000円）を取得し本社とした。

３．交換による固定資産取得（有価証券→固定資産）の場合

　当社は機械導入にあたり，売買目的で保有するＡ社株式100株（簿価総額7,000,000円，時価総額7,500,000円）と交換することにより機械（時価8,000,000円）を取得した。

【解答】

１．4,000,000円＋稼働前支払利子100,000円＝倉庫の取得価額4,100,000円

仕訳	（借）建	物	4,100,000	（貸）借	入	金	4,000,000
	支	払 利 息	400,000	当	座 預	金	500,000

２．本社ビル取得価額＝20,000,000円

仕訳	（借）建	物	20,000,000	（貸）建	物	20,000,000

３．機械の取得価額＝7,500,000円または7,000,000円

仕訳	（借）機	械	7,500,000	（貸）売買目的有価証券	7,000,000
				有 価 証 券 売 却 益	500,000
または	（借）機	械	7,000,000	（貸）売買目的有価証券	7,000,000

②　減価償却

　前述の方法により有形固定資産の取得原価が決定されると，次はその決定された取得原価をいかに費用配分するかが問題となります。棚卸資産においては，その取得原価を費消分と未費消分，すなわち売上獲得に直接対応した売上原価と，次期以降対応すべき期末棚卸資産に配分すべきことはすでに述べました。しかし，有形固定資産は，棚卸資産と異なり通常売上に直接貢献するわけではありません。あくまでもその耐用年数を通じて間接的に貢献するにすぎませんので，費用配分の方法もそれに対応してその有形固定資産の耐用年数にわたり売上収益と間接対応的なものとすることが適切です。

　減価償却とは，このような考えに基づき，有形固定資産の決定された取得原価を，その耐用期間における各事業年度に配分する費用配分の手続きをいいます。減価償却の目的は，その有形固定資産が耐用期間の長きにわたり売上獲得に貢献するその貢献度を，努力費用として表現することによって毎期の適正な期間損益計算を行うことにありますから，計画的・規則的に行わなければなりません。減価償却が無計画に，恣意的に行われることは，利益操作の介入を許しかえって期間損益計算を歪めてしまう結果となります。

　このように減価償却は有形固定資産における費用配分手続の代表例でありますが，その費用については金銭支出を伴わないという特徴があることから，その毎期の費用化によって有形固定資産に投下された資金を徐々に留保する効果があります。これは減価償却の効果として**固定資産の流動化**（固定資産が減価償却により徐々に流動資産として回収されること）と呼ばれています。また，このように減価償却によって，あたかも外部から資金を調達するのと同等の効果を得ることができるわけですが，これも**自己金融効果**という減価償却の効果の一つであるといわれることがあります。

　減価償却については，その耐用期間にわたる収益獲得への貢献度をどのような仮定に基づき計

算するかによって，次のような方法があります。

ア）定額法

定額法とは，有形固定資産の取得原価から残存価額を控除した要償却額を，その資産の耐用年数で除する方法によって毎期の減価償却費を計算する方法です。この定額法は計算が簡単であるという長所があり，その費用化額が毎期均等であることから，減価の度合いがそのように推移すると考えられる有形固定資産に適すると考えられます。

イ）定率法

定率法とは，有形固定資産の期首未償却残高に一定率を乗じてその期の減価償却費とする方法です。この定率法によると，減価償却費は初め比較的多額ではあるものの，年の経過と共に徐々に減少していくことになります。すなわち，この方法は早期に多額の費用化を行うため，定額法に比べて保守主義の観点から優れているといえます。

ウ）級数法

級数法とは，有形固定資産の耐用期間にわたり，毎期一定額を算術級数的に逓減した金額を減価償却費として計算する方法です。級数法は早期に多額の費用化を行うため，定率法同様，保守主義の観点からは望ましいと考えられます。

エ）生産高比例法

生産高比例法とは，固定資産の耐用期間にわたり，毎期その有形固定資産の生産または用役提供の度合いに応じて減価償却費を計上する方法です。生産高比例法は，車，飛行機などの，稼動の度合いに応じて減価すると考えられる資産に適しており，収益費用対応の観点からも優れた方法です。しかし，取得原価をその利用度合いで減価配分を行う方法であることから，まず配分計算にあたり分母となるべき，総利用可能度合いを比較的正確に見積もる必要があります。

（2）資本的支出と収益的支出

有形固定資産については，取得時にその支出額などに基づいて取得原価が決定されますが，有形固定資産に関する支出は，その取得時にのみ生じるというわけではありません。すなわち，使用後に改造や修繕などの支出をする場合がありえますので，これをどのように取り扱うべきかという問題が生じます。有形固定資産の取得後に再び要する支出のうち，有形固定資産の価値増大または耐用年数延長に結びつくような支出は，修繕というより，取得原価の増額修正と考えることができますので，これを**資本的支出**とよび，その支出額はその支出の元となった資産の取得原価に加算します。また，有形固定資産を取得後に再び要する支出が，主に機能維持のための修繕としての性質をもち，価値を増加させるものでも耐用年数を増加させるものでもないときは，これを**収益的支出**と呼び支出した年度の一時の費用（修繕費）として取り扱います。

＜仕訳例＞

収益的支出	（借）修 繕 費	×××	（貸）当座預金	×××
資本的支出	（借）建物など	×××	（貸）当座預金	×××

（3）耐用年数の変更等と臨時損失

　減価償却は，本来前述のように予定に基づき計画的・規則的に行われるもので，これを正規の減価償却といいます。しかし，その計画のもととなった有形固定資産に関する前提条件に変化が生じた場合は，どのように取り扱われるのでしょうか。たとえば，新技術の発明などが生じれば耐用年数が短くなり，残存価額の見積もりが中古有形固定資産の相場上昇により上昇すれば，要償却額が減少します。

　このような場合，変更前の計算を特に修正する必要はなく，その条件変更を見積もり修正時点から耐用年数終了までの減価償却で吸収させ，最終的には新耐用年数，または新残存価額で要償却額が償却されるように減価償却に吸収させる帳尻あわせを行います（図表4−3）[5]。

　上記の方法は当初の減価償却計算の修正ですが，災害・事故などにより固定資産の実態が減失した場合には，その減失相当額を損失として貸借対照表の特別損失の区分に「**臨時損失**」という科目で計上することがあります。臨時損失はもはや単なる簿価の切り下げであり，減価償却計算ではありません。

図表4−3　耐用年数の変更

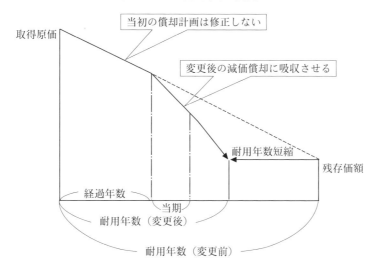

設例4−4

　当社は，取得原価800,000円の機械について，耐用年数9年の定額法（残存価額10％）により，当期首までの3年の間適正に減価償却を行ってきた。しかし，新製品の登場によりこの機械も著しく減価したため，これに対応して本年から耐用年数を当初の9年から6年に短縮することとして減価償却計算を行うこととした。その仕訳を行いなさい。

【解答】

　　　　　（借）減 価 償 却 費　160,000　　　（貸）減価償却累計額　160,000

9年の場合の償却費＝800,000円×0.9×$\frac{1}{9}$＝80,000円

期首簿価は800,000−80,000×3年＝560,000円

よって（560,000−残存価額80,000）÷（新耐用年数6年−既経過年数3年）＝160,000円

（4）取替法

　有形固定資産の中には，単体として収益獲得に役立つのではなく，それが多数集まって全体として一つの大きな機能をもたらす資産となるものがあります。具体例としてはレールや枕木などがありますが，一部老朽品の部分的な取替えを繰り返すことにより，全体が維持されるという特徴があります。このような資産を**取替資産**といい，最初に取得した資産全体の原価を計上した後は減価償却を行わず，その代わりに取替時に取替に要する部分の取得原価を取替費で費用計上する方法（**取替法**）を採用することができます（企業会計原則，注解20）。この方法によれば，新しいレールを取得しても，それが取替費で計上され固定資産として計上されないために，最初に計上したレール全体の貸借対照表価額は，何十年経とうとも古い金額のまま据え置かれることになります。したがって，貸借対照表価額が時価と乖離していくという問題がありますが，反面損益計算においては，新しい物価水準のレール代金が費用としてカレントな売上に対応しますので，収益と費用の同一貨幣価値水準による対応が図れるという特徴があります。

　また，取替法と類似の固定資産における原価配分方法に，廃棄法があります。廃棄法は，最初に取得した資産全体の原価を計上し，その後減価償却をしないところまでは取替法と同じなのですが，その後，老朽部品を廃棄した時点でその取得原価を廃棄損として処理し，新しい部品の取得原価を固定資産として老朽品の取得原価を控除した後の全体の残存取得原価に加える方法です。この方法は，取替法とは逆に，古い部品の取得原価がカレントな売上に対応しますので，収益と費用の同一貨幣価値水準による対応が図れない，すなわち利益に物価変動による名目的な部分が混入するという問題がありますが，貸借対照表が徐々に新しい部品の取得原価に置き換えられていきますので，貸借対照表価額が比較的カレントな金額を表すという特徴があります。

　これらは一定の特徴を有する固定資産に，減価償却を適用せず，簡便的に棚卸資産的な原価配分方法を適用したものということができます。すなわち，取替法は，棚卸資産における原価配分方法の一つである後入先出法に類似の特徴を有する方法であり，廃棄法は先入先出法の特徴を有する方法であるといえます。しかしながら後者の廃棄法は理論的に考えうる方法であり，現行制度上は認められていません。

設例4−5

　次の新津鉄道（株）のレール敷設と交換に関する一連の仕訳を取替法により示しなさい。レールは徐々に取替えるが，インフレの影響で敷設時より一貫して値上がりの傾向がある。
当初敷設10,000,000円（全10区間），第一区間取替1,100,000円，第二区間取替1,200,000円，第三区間取替1,400,000円。

【解答】

敷設時	（借）構築物	10,000,000	（貸）当座預金	10,000,000
第一区間取替時	（借）取替費	1,100,000	（貸）当座預金	1,100,000
第二区間取替時	（借）取替費	1,200,000	（貸）当座預金	1,200,000

第三区間取替時　　　（借）取替費　1,400,000　　（貸）当座預金　1,400,000

　構築物（レール）の減価償却は行わず，取替時にも新たなレール敷設を構築物として計上しません。新たなレールは取替費で支出時の費用とします。

3．無形固定資産

　貸借対照表上，有形固定資産の次に表示するものとされている資産がこの**無形固定資産**です。すなわち，無形固定資産とは，物理的な形態をもたない1年を超える長期にわたって利用される資産項目をいいます。区分上は，その形態に従い下記のように特許権のような法律的権利，収益性の高い他企業の買収によって生じるのれん，コンピューターのソフトウェアに大別されます。

（1）法律上の諸権利

　無形固定資産として考えられる法律上の諸権利は，法律によって排他的に使用することが保護されている権利であり，特許権の他，特許権ほど高度でないが実用的な考案を独占的に利用できる実用新案権，ブランドとして排他的にトレードマークを利用する権利を有する商標権などがあります[6]。これら法律上の権利を有償にて取得した場合には，その取得原価はその支払代価に付随費用を加算して求め，無償にて取得した場合には，公正な評価額をもって取得価額とするところは有形固定資産と同様です。償却しない地上権のような権利を除くこれらの無形固定資産は，有形固定資産同様，減価償却の方法によりその取得原価を費用配分するものですが，残存価額をゼロとする方法が用いられ，また貸借対照表価額も減価償却累計額を取得原価から控除する間接控除形式ではなく，減価償却費を直接控除した残額のみを記載する直接控除方式によるところが大きく異なります。

（2）のれん

　企業の中には，独自のノウハウや秘伝の技術などのように，他の企業に比べて収益力が高い企業があります。このような企業に内在する超過収益力の原因を**のれん**といいます[7]。のれんは，通常内在する限りは潜在的なものとして存在し，そのようなのれんは自己創設のれんまたは主観のれんといわれ，客観性を欠き未実現利益の計上につながることから貸借対照表に計上されることはありません。しかし，そのような企業が他の企業に買収・合併されるような場合には，そのような潜在的な価値が買収価額に反映されるため，客観的な数値を有する項目として具体化することになります。すなわち，のれんは高収益企業を買収合併した場合に，その対価として交付した対価から継承した純資産を控除した金額として求められます。現在わが国においては，のれんはその効果の及ぶ期間（最長20年）にわたり規則的な償却をするものとされています（企業結合会計基準，32）。仮に取得したのれんを償却しないものとすると，そののれんは徐々に自己ののれんと入れ替わりますので，結局自己創設のれんの実質的な計上につながるということが償却理由の一つに挙げられます。しかし，国際的には非償却が主流であり，現行基準では巨額ののれん償却額が収益の圧迫要因となることから，国際競争的に不利であるとしてわが国の経済界には反発論があります。

（3）ソフトウェア

今日ではコンピューターの発達が目覚しく，日常生活において欠かせないものとなっていますが，それに応じてコンピューターで使用する**ソフトウェア**に関しても，年々開発費が巨額になり，これを財務会計上どのように処理するかということが問題になっていました。「研究開発費等に係わる会計基準」によればソフトウェア制作費は製作目的によって将来の収益との対応関係が異なるという理由から，製作目的別に規定されています。すなわち，①研究開発目的，②市場販売目的，③自社利用目的の３つです。

① 研究開発目的のソフトウェア制作費

研究開発目的で製作されるソフトウェアの製作費については，後述の研究開発費に該当するので，支出時に全額が費用処理されます。

② 市場販売目的のソフトウェア制作費

市場販売目的のソフトウェアについては，まず研究開発費に該当する部分と，該当しない部分に区分します。該当する部分は研究開発費として処理されるため，支出時に全額が費用処理され，該当しない部分は無形固定資産「ソフトウェア」として資産計上します。

③ 自社利用目的のソフトウェア制作費

自社利用目的とは，その製作したソフトウェアを社内で利用する場合をいいます。その利用により将来の収益獲得または費用削減が確実であると認められる場合には，当該ソフトウェアの取得に要した金額を無形固定資産「ソフトウェア」として資産計上します。

4．減損会計

（1）概要

固定資産への投資は，機械のような償却性資産にしても，土地のような非償却性資産にしても，その固定資産の利用から回収される金銭がその固定資産への投資金額を上回ることを想定して行われるのが通常です。しかし，その後その固定資産を取り巻く事情の変化により，収益性が大幅に低下して当初予定していた回収額が減少するということがありえます。このような固定資産の収益性の低下により当初予定していた投資額の回収が見込めなくなる状態を減損といい，**減損会計**とは，この現象に特に着目してその帳簿価額を減額しようとするものです。

固定資産の減損処理は，よく固定資産の時価評価と混同されることがあります。しかし，減損処理は，将来の収益性の低下に着目して，その「**回収可能価額**（後述）」まで簿価を切り下げようとするものであり，時価評価のように「時価」まで切り下げるというわけではありません。また，その簿価の切り下げは臨時的なものであり，時価評価のように継続的なものでもありません。同様に，減損処理はよく「臨時損失（後述）」と比較されることがあります。臨時損失は，確かに簿価の切り下げという点においては減損処理による減損損失との共通点を見出すことができます。しかし臨時損失は，台風などの災害による損壊という実質的減失により，その減失額を切り下げるものであり，やはり減損損失のように将来の収益性の低下に基づき「回収可能価額」まで簿価を切り下げるというものではありません。

わが国においては，最近までこのような固定資産の減損に関する処理が明確にされていません

でした。そのため，固定資産の収益性が著しく低下した場合にも，貸借対照表がそれを反映していないのではないかという批判があり，また統一的な基準がないため各企業が裁量的に減損処理を行い財務諸表の比較可能性が失われるという問題がありました。国際的にも固定資産の減損に関する基準の整備が進められていることから，企業会計基準委員会は2002年に「固定資産の減損に係わる会計基準」（以下，減損会計基準）を公表しました。

　この会計基準は資産の対象を固定資産としているため，流動資産や繰延資産は減損処理の対象とはなりません。また，資産に減損が生じているとしても，他の基準に減損処理の定めがある場合にはそちらの基準によります（減損会計基準，一）。そして同基準による減損の処理は具体的には，以下の3段階の過程を経ることとされています。すなわち減損の兆候，減損の認識，減損の測定です（図表４－４）。

（２）減損の兆候

　減損処理を行うに当たっては，各企業がその固定資産の収益性低下に基づき減損処理を行うべきか否かを判断することになります。しかし，この判断に統一性をもたせるため，同基準には「減損の兆候」という判定基準が設けられており，これに該当する場合，「減損の兆候あり」とされ，それによって減損処理を行うこととされます（減損会計基準，二，１）[8]。この場合，収益性の低下は個々の固定資産ごとに判断するのではなく，複数の固定資産を一つのグループとして行うこととされます。すなわち，工場土地，工場機械という異種複数の資産であってもそれが一つの工場グループとして収益獲得に貢献している場合には，収益性の低下を無理に個々の固定資産で見るよりもグループで判断したほうが妥当という考え方によります。これを減損資産のグルーピングといいます。

（３）減損の認識

　前述のように「減損の兆候あり」と判定された固定資産または固定資産グループ（以下，固定資産）に対し，初めて減損処理を行う余地が開かれるわけですが，だからといって必ず減損損失が計上されるとは限りません。すなわち，減損そのものが生じているか否かという兆候の判断に続き，減損損失を計上するか否かという判断を別に行わなければなりません。それが，「減損の認識」です。

　減損会計の基本的な考え方は，固定資産の収益性が低下して，その固定資産より生ずる将来のキャッシュ・フローでは投資額を回収できない場合，その回収可能額まで帳簿価額を切り下げるということですから，この「減損の認識」においては，その固定資産より生ずる将来のキャッシュ・フローで投資額を回収できるか，できないかが判断されます。すなわち，固定資産の直前帳簿価額と，その固定資産が将来もたらすと考えられる将来キャッシュ・フロー（割引前）の総額を比較し，この将来キャッシュ・フロー総額が帳簿価額を下回った場合に減損損失を認識します[9]。ここで現在の帳簿価額と将来キャッシュ・フローについては，比較時点が違いますので，時間価値を考慮して利子率で割引いた後の数値が本来比較すべき回収可能価額と考えられますが，それは次の「減損の測定」に譲り，この減損の認識においては主観性を排除して減損の認識を相当程

度確実な場合に限定するため，あえて割引前の数値を使用します[10]。すなわち，帳簿価額と比較する割引前のキャッシュ・フローは割引後の数値よりも大きめに出ますから，割引後の数値を用いる場合よりも，減損の認識により減損損失を計上する適用場面がより限られるというわけです。後述しますが，この相当程度確実な場合にのみ減損を認識するという認識基準の考え方が，減損の戻入処理が不要という論拠となります。

（4）減損の測定

減損会計の考え方は，帳簿価額を回収可能価額へ切り下げようとするものですから，次に問題となるのは，この回収可能価額をどのように算出するかということです。すなわち，回収可能価額が算定されれば，帳簿価額と回収可能価額との差額により減損損失が算出されます。このように回収可能価額を算出して計上すべき減損損失の金額を求めることを「**減損の測定**」といいます。

では，この回収可能価額はどのように求めるべきでしょうか。減損の認識でも述べましたが，当然，割引後の将来キャッシュ・フローがこれに該当します。基準では割引後の将来キャッシュ・フローを「**使用価値**」と呼び，これを**回収可能価額**として用いるものとしています。ただし，使用価値をそのまま回収可能価額とすることはできません。なぜなら，将来キャッシュ・フローとは，その資産を将来に渡って利用し，売却はしないという前提が存在するからです。現実的には企業の行動として，現在の売却価額が十分高く，固定資産を使用し続けることよりも現在売却するほうが有利と判断されれば，売却を選ぶと考えられます。すなわち，現在の売却時価から処分費用を差し引いた金額を「**正味売却価額**」とし，これが使用価値よりも大きい場合にはそれを回収可能価額とするとしています（減損会計基準，二，3）。

（5）仕訳と表示

「減損の測定」により減損損失が算定された場合は，その金額を固定資産の帳簿価額より控除すると共に，特別損失の区分に表示します。この場合，減価償却の処理と同様に，その固定資産の帳簿価額を直接減額する直接控除法のほかに，減損損失累計額勘定を用いる間接控除法を用いることもできます。現行の基準では，認識の時点で減損を相当程度確実な場合に限るとしていることから，減損の処理は不可逆的であり，戻入処理を行いません。また，減損と減価償却は全く別個の考えであることから，切り下げられた固定資産の帳簿価額に対して新たに別途減価償却を行います。

＜減損の仕訳＞

直接法	（借）減損損失	×××	（貸）機 械 な ど	×××
間接法	（借）減損損失	×××	（貸）減損損失累計額	×××

図表 4 － 4　減損処理のフローチャート

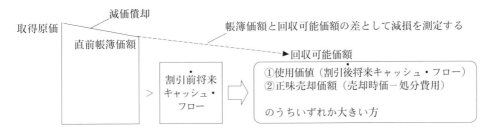

(1)減損の兆候がある　⇒　(2)減損を認識する　⇒　(3)減損を測定する

設例 4 － 6

　次の各固定資産はいずれも減損の兆候があるが，減損の認識を行うべきかどうかを判定し，あわせて測定も行いなさい。

1．固定資産Aの直前帳簿価額は2,600,000円，その固定資産より得られると考えられる将来キャッシュ・フローの合計は2,800,000円（割引後の金額は2,400,000円），正味売却価額2,500,000円である。

2．固定資産Bの直前帳簿価額は5,400,000円，その固定資産より得られると考えられる将来キャッシュ・フローの合計は4,300,000円（割引後の金額は2,700,000円），正味売却価額2,300,000円である。

【解答】

1．直前帳簿価額2,600,000円＜将来キャッシュ・フロー合計（割引前）2,800,000円

　　∴減損の認識をしない

2．直前帳簿価額5,400,000円＞将来キャッシュ・フロー合計（割引前）4,300,000円

　　∴減損の認識をする

　回収可能価額は，使用価値2,700,000円（割引後将来キャッシュ・フロー）と正味売却価額2,300,000円のうち大きい方であるから，2,700,000円です。よって減損の測定は

直前帳簿価額5,400,000円－回収可能価額2,700,000円＝減損損失2,700,000円

第 5 節　繰延資産

1．概念

　貸借対照表には，その末尾において「**繰延資産**」を計上することが認められています。繰延資産とは，「将来の期間に影響する特定の費用」と呼ばれ，すでに対価の支払が完了するか支払義務が確定し（要件①），これに対応する役務の提供を受けたにもかかわらず（要件②），その効果が将来期間にわたって発現するものと期待される費用のことです（要件③）。このような費用は，費用ではあるものの，その効果の発現が遅く当期の収益獲得に全く貢献せず，むしろ次期以降の収益獲得に貢献すると考えられます。すなわち，次期以降の収益に対応させるべきという費用収益対応の見地から，費用を繰延経理することにより経過的に計上される資産項目です。このように，繰延資産の本質はすでに発生した費用であり，換金価値を有するものではありません。繰延資産は，この会計学的思考から計上される資産という意味で，擬制資産とも会計学的資産とも呼ばれることがあります。

理論上は前述の計上要件を満たすものをすべて繰延資産として計上すべきなのですが，実際は後述のように5種類のみ計上が認められ，その計上は強制でなく任意であり（貸借対照表原則，第三，一，D）計上したとしても早期に償却すべきとされています（実務対応報告19号）。これは，前述のように繰延資産が換金性を有しないものであることに鑑み，保守主義と債権者保護の見地から資産計上に「限定列挙」，「任意計上」，「早期償却」という3点セットのブレーキをかけたものといえます。

それでは，繰延資産と他の類似資産との相違点はどのようなところにあるのでしょうか。繰延資産と類似の資産では，長期前払費用がよく引き合いに出されます。この両者はともに対価の支払い又は支払い義務が確定し，数年間にわたり費用として処理されるという点では共通点が見出せます。しかし，長期前払費用が，いまだ役務の提供を受けていないのに対して，繰延資産は，すでに役務の提供を受けているにもかかわらず繰延べられるという点が大きく異なります。

2．類型と会計処理

前述のように，繰延資産は，現行では以下の5つの種類のみ計上が認められています。

（1）創立費

創立費とは，会社設立のための費用であり，具体的には，定款の作成費，設立登記費用などがあります。創立費は原則として，支出時に営業外費用として計上すべきこととされていますが，その支出により企業がその存続期間に渡り収益獲得活動を行うことができることから，長期の収益と対応関係にあると考えられ，繰延資産として取り扱うべきことも考えられます。事実，創立費は繰延資産として計上することができ，その場合，会社成立のときから5年以内のその効果の及ぶ期間にわたって，定額法により償却をすべきこととされています。

＜仕訳例＞

支出時（借）創　立　費　×××　　（貸）当 座 預 金　×××
償却時（借）創立費償却　×××　　（貸）創　立　費　×××

（2）開業費

会社は創立費を支出し，設立登記をすることによって成立します。この会社成立後，営業開始までに支出した営業開始準備のための費用を**開業費**といいます。

開業費は，創立費同様，原則として，支出時に営業外費用として計上すべきこととされていますが，創立費同様の理由により，繰延資産として計上することができます。その場合，やはり創立費と同じく開業から5年以内のその効果の及ぶ期間にわたって，定額法により償却をすべきこととされています。ただし，開業費はその開業準備行為が営業と密接な関係があると考えられること，また実務上の便宜を考慮して，その償却費を営業外費用ではなく，販売費及び一般管理費に計上することもできます。

（3）開発費

開発費は，新技術や新経営組織の採用，資源の開発，市場の開拓などに支出した費用をいいます。ここでいう繰延資産としての開発費は，経常的な支出ではなくあくまでも特別の支出として将来の収益獲得に貢献するものに限られます。開発費は，支出から5年以内に定額法その他の合理的な方法により償却することとされ，その費用化額は売上原価または販売費及び一般管理費とされます。この開発費と類似のものに後述の「研究開発費等に係わる会計基準」により規定される「研究開発費」がありますが，そちらの要件に該当するものは開発費から除かれます。

（4）株式交付費

株式交付費とは，株式募集のための広告費，証券会社の取扱手数料などをいいます。これらは株式により資金調達を行うにあたり，株式を新たに発行する手続または自己株式を処分する手続，すなわち「株式の交付」に伴う費用です。株式交付費は，原則としてその支出時に営業外費用とすることとされていますが，企業規模拡大のために行う株式交付費についてはその支出の効果が将来に及ぶと考えられることから，繰延資産として計上することも認められています。企業規模拡大以外の株式交付，すなわち，株式分割，無償交付などに要した費用は，繰延資産の定義に合致しませんので，支出時の費用となり繰延資産として計上することはできません。

繰延資産を計上した場合，株式交付費の支出の効果は理論的にはその交付により調達される資本金等を利用しつづける限り及ぶと考えられますが，やはり他の繰延資産同様，換金性がない等の理由により株式交付のときから3年以内の効果の及ぶ期間に，定額法により償却しなければならないものとされています。なお，その償却費は，株式の交付が財務活動であることから，財務費用，すなわち営業外費用として計上します。

旧商法計算書類規則の下においては，「新株発行費」が繰延資産として規定されていたため，自己株式の処分費用は繰延資産として計上することができませんでした。しかし，会社法において新株発行と自己株式の処分は募集株式の発行等として同様に取り扱われることとなり，それを受けてASBJは実務対応報告19号「繰延資産の会計処理に関する当面の取り扱い」において，自己株式の処分を加えて「株式交付費」としたため，自己株式の処分が新たに繰延資産として計上できることとなりました。

なお，株式交付費は国際的には新株式交付に付随する費用ということで資本から直接控除する項目とされ，会社法においても払込資本と相殺できる規定が設けられました（会社計算規則37条1項）。ところが，長らくわが国の企業会計原則注解2においては，このような処理は株主からの出資という資本取引と株式発行に伴う費用という損益取引を混同するものとして，禁忌とされてきました。企業会計基準委員会においては，この相反する考えについて議論がなされましたが，交付費の支出は株主に支払われるものでなく資本取引とはいえないこと，財務費用としての性質が強いから費用とすべきであることなどの理由により，当面，株式交付費は従来どおり支出時の費用又は繰延資産として計上することとされました。

（5）社債発行費等

　社債発行費とは，社債券の印刷費，募集広告費などのように，社債を発行するために要した費用のことです。なお，「等」と規定されていますが，ここに新株予約権の発行費を含むものとされています。この社債発行費は財務費用であることから原則として支出時に営業外費用として処理されます。しかし，その資金調達による将来収益獲得への貢献が社債償還までの長期にわたると考えられることから，繰延資産として計上することが認められ，繰延資産とした場合は，社債償還までの期間にわたり，利息法などの方法により償却するものとされています。

3．研究開発費

　前述の繰延資産である開発費に類似の項目として，「研究開発費等に係わる会計処理基準」に規定される「**研究開発費**」があります。研究開発費とは，新しい知識の発見を目的とした計画的な調査及び探求や，新しい製品等についての計画若しくは設計又は既存の製品等を著しく改良するための計画若しくは設計として，研究の成果その他の知識を具体化することに関する費用をいいます。このような費用は，将来の収益との対応関係を考慮すればやはり繰延資産として繰延経理するべきであろうという考えもあり，事実，同基準以前は「**試験研究費**」という繰延資産により一部の繰延経理が認められていました。しかし，このような費用については，繰延経理により対応させる将来の収益獲得に研究の成否という大きな不確実性があること，仮に資産計上を認めた場合には実務上その計上要件を一律に設定することが困難であること，費用とするか資産として計上するかが任意であるとすると，金額が巨大になりがちなこれらの費用につき利益操作の余地があることから，企業間の財務諸表の比較可能性を著しく害することなどの理由により，同基準により，原則として発生時に費用化することとされました[11]。

＜仕訳例＞　　　　　（借）研究開発費　×××　　　（貸）当座預金　×××

4．臨時巨額の損失

　繰延資産には該当しませんが，繰延資産同様，貸借対照表に資産として繰延経理できる項目に「**臨時巨額の損失**」があります。天災等により固定資産又は企業の営業活動に必須の手段である資産の上に生じた損失が，その期の純利益や繰越利益剰余金でカバーできないほど巨額であって特に法令によって認められた場合に，これを貸借対照表上資産の部に繰延経理することができ，これを「臨時巨額の損失」といいます（企業会計原則，注解15）。

　このような損失は，繰延資産と異なり将来の収益獲得になんら貢献しません。しかし，一般に金額が巨大であることから損益計算書において一時に費用化されると企業が配当不能，債務超過などの危機的状況に陥ることが予想されることから，これらに配慮して特別な法令がある場合に限り繰延経理を許容したものであり，極めて例外的，政策的なものです。具体例としては，整腸剤「キノホルム」の薬害により被害を受けたスモン被害者に対して，「医薬品副作用被害救済基金法」により製薬会社が支払った巨額の和解金につき15年以内の繰延経理を認めた事例があります[12]。

─── 練 習 問 題 ───

問題 4 － 1

　次の資料に基づき，減価償却費を，①定額法，②定率法，③級数法，④生産高比例法の各方法により求めなさい。なお，算式を明示すること。

【資料】

　取得原価2,000,000円の車両がある。この車両は前期期首に取得したものであり，即事業の用に供している。またこの車両の当期の走行距離は4,800km（廃車までの走行距離は50,000kmと見積もられる）である。なお，残存価額は取得原価の10%，耐用年数は５年（定率法の償却率0.369）とすること。

【解答】

① 定額法

$$2,000,000 \times 0.9 \times \frac{1}{5} = 360,000 円$$

② 定率法

$$2,000,000 \times (1-0.369) \times 0.369 = 465,678 円$$

③ 級数法

$$2,000,000 \times 0.9 \times \frac{4}{5+4+3+2+1} = 480,000 円$$

④ 生産高比例法

$$2,000,0000 \times 0.9 \times \frac{4,800km}{50,000km} = 172,800 円$$

問題 4 － 2

　機械Aは，減損の兆候があると判断された。以下の資料に基づき，減損を認識すべきか否かを判定するとともに，認識すべきであるときは，その減損損失の金額を測定しなさい。なお計算上生じた端数は切り捨てること。

【資料】

　この機械は取得原価が4,500,000円であり，耐用年数５年，残存価額10%の定額法により，当期末までに３年の償却を終えている。当期末にこの機械による将来キャッシュ・フローを見積もったところ，それぞれ４年末で400,000円，５年末で500,000円と見積もられた。また，耐用年数到来時にこの機械は450,000円で処分できると考えられる。この機械の当期末における正味売却価額は1,300,000円である。なお，割引利子率は3%とする。

【解答】

① 直前帳簿価額　$4,500,000 - 4,500,000 \times 0.9 \times \frac{1}{5} \times 3 = 2,070,000 円$

② 割引前キャッシュ・フロー　$400,000 + 500,000 + 450,000 = 1,350,000 円$

　　①＞②により，減損の認識を行う

③ 回収可能額　1,300,000（正味売却価額）＞1,283,815（＊使用価値）∴大きい方1,300,000円

　　＊使用価値　$400,000 \div 1.03 + (500,000 + 450,000) \div 1.03 \div 1.03 = 1,283,815$

　減損の測定　①－③＝770,000円　　　　　よって，減損損失は770,000円

■ 注 ■

（1）詳しくは『 スタンダードテキスト財務会計論Ⅰ　基本論点編　第13版』中央経済社,2020年，139-141頁，を参照のこと。

（2）金融商品会計基準には，ほかに市場価格のない有価証券の規定があります（金融商品会計基準19）。

（3）基準上は認められていませんが，我が国の中小企業においては「最終仕入原価法」が多く用いられます。税法の法定評価方法とされているためです（法人税法施行令第28条第1項）。

（4）これとは逆の「後入先出法」も我が国では従来用いられてきました。後入先出法はカレントコストにカレント収益が対応し名目利益を排除できるという損益計算上の長所があるのですが，国際的には貸借対照表の短所のほうが問題視され，国際調和化の必要性から廃止されました。

（5）この方法は「プロスペクティブ方式」と呼ばれます。従来これとは別に「臨時償却」と呼ばれる「キャッチアップ方式」の方法が認められていました。すなわち，変更後の新耐用年数，変更後の新残存価額を最初から適用するべきであったと考え，いったん前期までの計算を前期損益修正項目として修正し，その後は新しい条件に基づく減価償却費を計上する方法でした。しかし，遡って修正するこの方法は企業会計基準第24号「会計上の変更及び誤謬の訂正に関する会計基準」に鑑み2011年4月以後に開始する事業年度では用いられないこととなりました。
　　　詳しくは桜井久勝『財務会計講義　第21版』中央経済社，2020年，185頁を参照のこと。

（6）他に法律的権利としては意匠権，著作権，借地権，地上権，鉱業権などがあります。

（7）「営業権」あるいは「連結調整勘定」とよばれることもありましたが，2003年公表の企業結合基準において「のれん」で統一されました。詳しくは『 スタンダードテキスト財務会計論Ⅰ　基本論点編　第13版』中央経済社，2020年，242頁を参照のこと。

（8）「減損の兆候」として同基準は次の4つを例示列挙しています。①資産又は資産グループが使用されている営業活動から生ずる損益またはキャッシュ・フローが継続してマイナスとなっているか，あるいは，継続してマイナスとなる見込みであること②資産又は資産グループが使用されている範囲または方法について，当該資産または資産グループの回収可能価額を著しく低下させる変化が生じたか，あるいは生ずる見込みであること。③資産または資産グループが使用されている事業に関連して，経営環境を著しく低下させる変化が生じたか，あるいは悪化する見込みであること④資産または資産グループの市場価格が著しく下落したこと。

（9）減損損失の認識については，経済性基準，永久性基準，蓋然性基準という考え方がありますが，わが国の基準ではこのうち蓋然性基準を取っています。詳しくは『 スタンダードテキスト財務会計論Ⅱ　応用論点編　第13版』中央経済社，2020年,,　96-97頁，を参照のこと。

（10）桜井久勝『財務会計講義 第21版』中央経済社，2020年，190頁

（11）企業結合により受け入れた研究の途中段階の成果（仕掛研究開発費）については，識別可能性の要件を満たす限り時価計上すべきであり，また価値のある成果を受け入れたという実態を財務諸表に反映させるため費用処理が廃止され資産計上されます。

（12）桜井，同掲著，216頁

◆ 参考文献 ◆

［1］桜井久勝『財務会計講義 第21版』，中央経済社，2020年

［2］佐藤信彦ほか編著『スタンダードテキスト財務会計論Ⅰ 基本論点編　第13版』中央経済社，2020年

［3］佐藤信彦ほか編著『スタンダードテキスト財務会計論Ⅱ 応用論点編　第13版』中央経済社，2020年

［4］広瀬義州『財務会計　第13版』，中央経済社，2015年

第5章　持分会計

第1節　負債の範囲と区分

1．負債の範囲

　資産が将来の収益の獲得に役立つような企業の経済的資源を表すのに対し，負債は将来期間において企業の資産を減少させるような経済的負担を表します。このような負債の定義の内容は，法的な債権債務関係に依拠するものから，経済的資源としての資産の定義に対応する経済的義務の内容を説明するものへと変化した経緯があります。しかし経済的負担の大部分は法律上の債務であり，それはさらに確定債務と条件付債務に分けられます。**確定債務**とは，その履行について期日，相手方，および金額のすべてが，すでに確定している債務をいいます。たとえば借入金などは金銭消費貸借契約書にこれらの事項が記載され，前もって確定しているといえます。反対に債務履行の期日，相手方，金額のうち少なくとも1つが確定していない債務は**条件付債務**と呼ばれます。例えば企業の従業員に対する退職金の支払義務は，従業員の退職という将来事象の発生を条件として確定し，現時点では確定していないため，条件付債務です。この条件付債務は文字通り条件付ですが，将来の現金支出や資産減少が現時点で合理的に予想されます。そのため企業の財政状態を十分に表示するためにはそのような条件付債務もまた確定債務と同様に，負債として認識・計上されなければなりません。

　さらに法律上の条件付債務ではないが，将来期間での企業資産の減少をもたらすことが現時点で合理的に予想されるような経済的負担が存在します。たとえば当期に工場を使用したことに起因し，将来に実施が計画されている修繕が挙げられます。これは法律上の条件付債務ではないが，企業にとって避けれない経済的負担です。このような負債は**会計的負債**と呼ばれます。

2．負債の区分

　負債は資産減少がどのような過程でいつ生じるかという観点から区分表示される必要があります。そのため負債は資産と同様に**流動負債**と**固定負債**に区分されます。その区分が，営業循環基準および1年基準に基づいて行われることは資産の場合と同じです。負債はまず通常の営業循環のプロセスを構成する項目であるか否かを基準として，この循環プロセス上の項目が流動負債に分類されます。次に営業循環と関係のない項目については，決算日の翌日から起算して1年以内に資産を減少させることになるような経済的負担が流動負債に分類され，1年を超える期間を経た後に資産減少を生じさせる項目が固定負債となります。

３．偶発債務

　確定債務や条件付債務などに加えて，企業はさらに偶発債務を負います。現時点では具体的な義務を負っていないが，将来一定の条件が整った時点で金銭等の支払義務が確定し，事業の負担になる可能性のある債務を言います。つまり各種の条件付債務のうち，条件の成就による経済的価値の流出の可能性が低いものが偶発債務です。

　例えば銀行で割り引いた手形が不渡りになれば，その手形を銀行から買い戻す義務が発生し，仕入先等に裏書譲渡した手形が不渡りになれば，手形譲渡先に改めて支払いをする必要があります。また債務保証をしている取引先や子会社が支払不能の状態に陥れば，これらに代わって債権者に支払いをする義務が生じ，損害賠償をめぐる係争事件に敗訴すれば金銭の支払義務が確定します。このような手形の割引や裏書譲渡による手形遡求義務，他人の債務を保証したときの保証債務，係争中の訴訟事件から生じる損害賠償責任などが偶発債務の典型です。偶発債務は企業経営上の重要なリスク要因であることから貸借対照表に注記しなければなりません。

第2節　引当金

１．引当金の本質

　引当金とは①将来の特定の費用または損失に関係するものであって，②その発生の原因が当期またはそれ以前の期間の事象に由来し，③発生の可能性が高く，かつ④その金額を合理的に見積もることができる，という４つの条件を満たす場合に，当期の負担額を費用または損失に含めるとともに，将来の支払義務を負債または資産からの控除額として計上するための項目です。これは売上高などの収益の獲得に貢献した項目は，たとえまだ支払が行われていなくても，関連する金額を当期に費用として計上することにより，適切な利益計算を行おうとする考え方が背後にあります。

　企業が負担する退職金の支払義務に関する退職給付引当金を検討してみましょう。この引当金は①将来における退職金の支払に伴う企業の資産減少に関係しています。また②退職金は各従業員の勤続に対して支払われるものであるため，その発生が当期またはそれ以前の事象に起因しているため，とくに当期の勤労に関する部分については，当期の収益との対応関係が認められます。さらに③退職金の支払いは雇用契約などで確約されているため避けることができず，確実に発生すると考えられます。しかも④企業が内規として定めている退職金支給基準に準拠して，将来の支給額を合理的に見積もることができるため，客観的な測定可能性も高いです。例えばX1年4月に入社した社員が35年間の勤続後の退職時に受け取る退職金を，会社の内規に従って算定したところ，2800万円と推定されたとします。このうちX2年3月末の決算日までにこの社員が提供した労働力に見合う退職金を均等割で計算すれば2800万円÷35年＝80万円となります。この退職金が支払われるのは34年後であるため，利子率を2％とすると現時点での評価額は$80万÷（1＋0.02）^{34}＝408,023$となります。したがって，会社はこの社員に支払義務を負う退職金に関して，408,023円を当期末に**退職給付引当金**という項目名で負債を計上しなければなりません。またこれと同額が，**退職給付費用**という項目名で当期の人件費として利益計算に反映されなければなり

ません。なお，この計算の利子率としては，長期国債のような安全性の高い長期債券の期末の利回りが用いられます。

2．引当金の種類

引当金はその性質により，資産から控除する引当金と負債たる引当金に大別されます。売掛金等に対する貸倒引当金は資産から控除する引当金であり，売掛金等からの控除によって債権の回収可能額を評価していると考えられるため，**評価性引当金**と呼ばれます。他方，負債たる引当金は，貸借対照表の負債の部に計上される項目であり，これは退職給付引当金や製品保証引当金のような条件付債務と修繕引当金に代表されるような債務以外の経済的負担が含まれます。これらは負債の部に計上されることから，**負債性引当金**と呼ばれます。

設例 5 − 1

次の連続した取引を仕訳しなさい。

(1) 長万部商店に対する売掛金500,000円について，返品調整引当金を設定する。なお，返品率は20％，売上高総利益率は30％である。

(2) 長万部商店が70,000円（前期販売分）の返品を実行した。

【解答】

(1) （借）返品調整引当金繰入　30,000　（貸）返品調整引当金　30,000

(2) （借）仕　　　　　入　49,000　（貸）売　　掛　　金　70,000
　　　　　　返品調整引当金　21,000

第 3 節　株主資本と純資産

1．株主資本と純資産の関係

資産と負債の差額は純資産として貸借対照表に記載されます。株式会社の純資産は，出資者たる株主に帰属する株主資本とその他の要素に大別されます。その他の要素には，資産・負債の時価評価額や，いまだ株主になっていない者が有する新株予約権の評価額などが含まれます。資本は次の 2 つの部分から構成されます。1 つは企業にとって元本たる部分であり，出資者の拠出額である**払込資本**がこれに該当します。もう 1 つは元本から得られた果実のうち，出資者に分配されずに企業内に留保され，事業に再投資された部分であり**留保利益**と呼ばれます。

2．資本の源泉別分類

株式会社の純資産と資本はそれが生じてきた源泉に従って図表 5 − 1 のように分類することができます。払込資本はすべて資本金とするのが原則ですが，会社法に基づいて資本金としなかった部分は，資本準備金として分類されます。資本準備金に含められる項目は限定されているため，これ以外の項目はその他資本剰余金として分類されます。

払込資本を活用して獲得した利益の一部は，配当として株主に分配されますが，残額は留保利

92

益として企業内に蓄積されます。これには企業が過去に現金配当を行ったつど設定した利益準備金と企業が自らの判断で設定した任意積立金があります。留保利益の残りの部分は繰越利益剰余金となり，任意積立金とあわせてその他利益剰余金として扱われます。

　評価・換算差額等には，その他有価証券評価差額金と繰延ヘッジ損益が記載されます。これらの項目は市場での時価や為替レートの変動によって発生したものであり，未実現の損益であるという共通の性質を持っています。未実現であるから当期純利益の計算に含まれず，したがって利益剰余金にはなりません。また株主が払い込んだ資本でもないため，株主資本とは区別して当期中の増減額を記載します。新株予約権はその権利を有する者からの権利行使により，会社が新株式を発行する義務を示しています。新株予約権はまだ株主ではない者との取引で計上されるため，株主資本と区別します。

　以上のような純資産の部の1会計期間における変動は株主資本等変動計算書に記載されます。この株主資本等変動計算書の作成が平成17年に義務付けられたのは，その他有価証券評価差額金など純資産の部に直接記載される項目が多くなり，会社法制定により自己株式の取得，処分および消却あるいは株主への配当が随時実施できるようになるなど，純資産項目の変動要因が増加したという経緯があります。

図表5-1　純資産の部の表示

株主資本	資本金		払込資本
	資本剰余金	資本準備金	
		その他資本剰余金	
	利益剰余金	利益準備金	留保利益
		その他利益剰余金	
評価・換算差額等			
新株予約権			

3．配当

　株主への配当は剰余金の処分のうち最も重要な項目です。日本企業の配当政策は1期間の利益額に変動があっても1株当たりの配当額をできる限り毎期一定に維持しようとする**安定配当**が主流でしたが，近年，期間利益の変動に応じて配当も変化させる**配当性向**が増加しています。

　株式会社の特徴の1つとして，株主の有限責任制度が挙げられます。債権者の権利は会社の純資産で保証されるだけであり，配当が過大に行われ，資産がたくさん社外に流出すると債権者の権利が害されます。そのため会社法では，株主と債権者の利害を調整するための手段を講じています。

　まず剰余金の配当において資本準備金または利益準備金の積立てを求めています。つまり株式会社は，資本準備金と利益準備金の合計額は資本金の4分の1に達するまで，配当総額の10分の1を資本準備金または利益準備金として積立てなければなりません。また剰余金の配当として株主に交付する金銭等の総額が分配可能額を超えることを禁じています。分配可能額の計算は複雑

なのですが，その他資本剰余金・その他利益剰余金の額が基礎となります。

4．損失の処理

　当期純損失が計上された場合には，過年度から繰り越された利益と相殺し，相殺しきれなかった損失額は繰越損失となります。繰越損失の処理には，まず任意積立金を取り崩してその取り崩し益を充当します。これで損失を処理できない場合にはその他資本剰余金があればそれを取り崩し，続いて利益準備金および資本準備金の順に取り崩すのが望ましいです。

5．任意積立金

　会社法は，株式会社が剰余金の処分として任意積立金を設定することを認めています。その場合，株主総会の決議を要するが，条件を満たせば任意積立金の設定を取締役会で決めることができます。利益準備金が，会社法の求めに応じて設定された留保利益の項目であるが，任意積立金は，会社が自主的あるいは契約に基づいて設定した留保利益の項目です。たとえば，事業の拡張に備えるために設定された事業拡張積立金などがあります。

　任意積立金には，設定目的が定まっている積立金と，目的を定めない別途積立金があります。特定目的の積立金は，その目的を達成したときに，自動的に繰越利益剰余金に算入されます。他方，特定目的をもたない別途積立金を取り崩すには，原則として株主総会の承認を得なければなりません。

設例5－2

　次の取引を仕訳しなさい。
(1) 決算において，葛飾商事株式会社は，当期純損失3,200,000円を計上した。なお，繰越利益剰余金の残高は1,000,000円である。
(2) 株主総会において，(1) の繰越損失について，別途積立金1,200,000円を取り崩して補填した。

【解答】
(1)（借）繰越利益剰余金　3,200,000　（貸）損　　　　益　3,200,000
(2)（借）別 途 積 立 金　1,200,000　（貸）繰越利益剰余金　1,200,000

—— 練 習 問 題 ——

問題5－1

　退職給付費用の金額の計算方法について説明しなさい。

問題5－2

　配当と債権者の関係について説明しなさい。

◆ 参考文献 ◆

斎藤静樹・徳賀芳弘『企業会計の基礎概念（体系現代会計学）』中央経済社，2011年。

桜井久勝『財務会計講義』中央経済社，2020年。

桜井久勝・須田一幸『財務会計・入門』有斐閣，2018年。

佐藤信彦ほか『スタンダードテキスト財務会計論 Ⅰ＜基本論点編＞』（第11版），中央経済社，2018年。

第6章　損益会計

第1節　収益の認識と測定

　損益計算書は**収益**（revenue）から**費用**（expense）を差し引いて計算される利益という業績を表示する計算書です。手始めに，収益の定義から始めましょう。第2章でふれた「**財務会計の概念フレームワーク**」は収益を次のように定義します。

　　「収益とは，純利益または少数株主損益を増加させる項目であり，特定期間の期末までに生じた資産の増加や負債の減少に見合う額のうち，投資のリスクから解放された部分である。」
（第3章，par.13）

　投資のリスクから解放された，つまり後述する「実現した」純資産を増加させる要素が収益です。損益計算書をご覧になればすぐに見つかる「売上高」がその代表です。企業が仕入れてきた商品，自社で製作した製品を販売して受け取った対価が売上高です。これ以外にも銀行にお金を預けたり，企業が発行する債券を購入して受け取る受取利息，株式を購入して受け取る受取配当金などが収益となります。

　この収益が損益計算書作成の基礎となる帳簿で把握（記帳）されることを**認識**（recognition）と呼びます。さらに，その金額がいくらであるかを決定することを**測定**（measurement）と呼びます。本節では，収益によって認識と測定にさまざまな違いがあることを見ていきます。

1．収益の認識とは

　製造業の主たる営業取引過程は，一般に次のようなプロセスをたどります。まず，原材料を購入し，これを加工して製品を作り，その製品を販売し代金を回収します。収益とは，増資その他資本取引等を除く企業の主たる営業活動及びその他の活動の結果もたらされる純資産の増加分を表します。収益は，図表6－1のように，製品の製造プロセス，販売プロセス及び代金回収プロセスという一連の営業取引過程を経て徐々に稼得されます。つまり，収益というのは営業取引を通じて獲得していく財貨又は用役の付加価値を意味します。

図表 6 - 1　収益の理論的形成過程

原材料の購入 － 製造プロセス → 製品の販売 － 販売プロセス → 代金回収

　理論的には図表 6 - 1 のように収益が計上されるとしても，実際に原材料の購入時点で収益が得られるわけではありません。収益を会計帳簿に計上するのは，単に製品の付加価値を計上するだけではなく，製品の生産を通じて適正な期間損益計算を行うことにあります。このためには，収益とそれに適正に対応する費用を，会計帳簿に正しく記録する必要があります。収益の期間帰属を決定するための考え方を，収益の**認識基準**と呼びます。

　以上の議論と，これから説明する収益の認識基準をまとめたものが図表 6 - 2 です。A，B，C，D，E と収益の形成プロセスは進行していきますが，収益の認識をどの時点において行うかで，収益の認識基準は，**発生主義，実現主義，現金主義**に分かれます。

図表 6 - 2　収益の形成プロセスと認識基準

A	B	C	D	E
生産開始		生産終了	販売	代金回収

発生主義	実現主義	現金主義
生産プロセスにおいて収益を計上	販売プロセスにおいて収益を計上	代金回収プロセスにおいて収益を計上
①工事進行基準 ②収穫基準 ③生産基準 ④時間基準	①販売基準 ②工事完成基準 ③回収期限到来基準	①入金基準 ②回収基準

割賦基準

　このように，収益の認識基準は 3 つ掲げられていますが，現行の企業会計では「実現主義」が収益認識の原則とされ（企業会計原則第二，三，B），製品や商品の引き渡し時点（D）において収益を計上するのが基本と考えられています。

2．収益の認識 －実現主義－

　実現主義というのは，財貨または用役を第三者に販売または引き渡し，その対価として流動性ある資産を取得したことをもって収益の計上を行う考え方です。販売または引き渡しの時点で収益を認識することから，実現主義は販売基準もしくは引渡基準とも呼ばれます。実現主義のポイントは，収益が実現したのはいつの時点であるかというところと，その対価として何を受け取ったかにあります。

　ペイトン・リトルトンの有名な『会社会計基準序説』では，実現について次のように説明します。

　　「支配的な見解によれば，収益は，現金の受領あるいは売上債権あるいはその他の新しい流動性の高い資産（liquid assets）によって立証されたときに実現する。つまり，ここには次の二つのテストが意味されている。すなわち，（1）法律上の販売またはそれに類する過程を通じての（資産への）転換，（2）流動性ある資産の獲得を通じての（収益の）確定である。」
　これに対して，1964年AAA（アメリカ会計学会）実現概念委員会報告書は，ペイトン・リトルトンよりも拡張させて実現概念を次のように説明します。

　　「収益獲得取引において，いつ実現が達成されたと考えるべきかについては，次の三点が考慮されてきた。(1) 受け取った資産の性質，(2) 市場取引の存在，(3) 給付遂行の程度。・・・現在容認されている実現のテストは，市場取引において提供した給付の対価として，客観的に測定可能な流動資産を受領することを要求するものである。」
以上の引用から実現の要件は何であるか考えた場合，次の三点にまとめられます。

　1．当該企業と外部の第三者との間に市場取引（交換取引）が存在していること（市場取引の存在）

　2．財貨または用役を外部の第三者に引渡済みであるかまたは提供済みであること（給付の提供）

　3．その対価として現金もしくは現金同等物または流動資産が取得されていること（流動性ある資産の獲得）

　これら3つの要件のなかで，特に重視したいのが，三番目の流動性ある資産の獲得という要件です。実は，この要件にこそ，実現主義が会計制度上の収益認識の原則的手法であることの根拠が含まれています。会社法の「分配可能額」も法人税法の「課税所得」も，最終的に社外への資金流出をもって利害調整を行っています。この利害調整機能を会計が果たすためには，対価として資金的な裏付けのある資産の受け入れを重視する必要があるのです。つまり，実現主義が収益認識の原則的基準であるということは，収益の確実性を重視していることに他ならないのです（図表6－3参照）。

図表6－3　実現要件とは

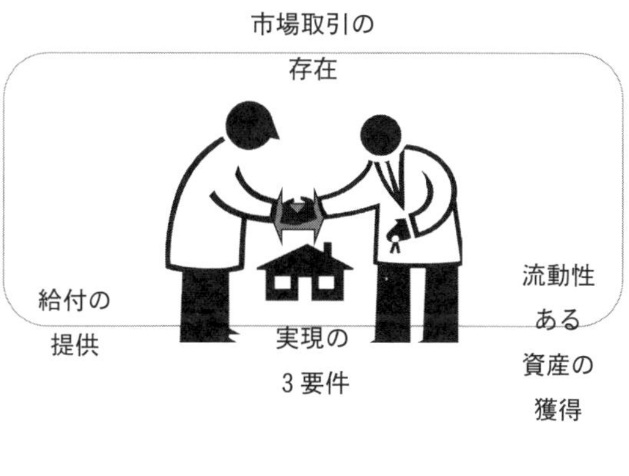

市場取引の
存在

給付の
提供

実現の
3要件

流動性ある
資産の
獲得

実現主義が収益認識の原則的基準でありながら，発生主義による収益の計上，たとえば工事進行基準の採用が容認されているのは，収益の確実性が保証されているからです。逆の見方をすれば，地価が高騰したことで得られた土地の評価益や保有資産の自然増価などは，資金的な裏付けを欠き，確実性が何ら保証されないので，収益の実現とは見なされません[1]。

（1）実現主義が利用される販売形態－委託販売－

委託販売とは，商品の発送は行うものの，販売行為そのものは別の業者に任せる販売形態をいいます。たとえば，バスの回数券がスーパー・マーケットなどで購入できる場合などがありますが，これはバス会社が回数券をスーパーに委託販売してもらっている典型例と考えられます。このように委託された商品のことを委託品または積送品といい，委託を受けた業者を受託者，受託者側から見れば，この販売形態は受託販売と呼ばれます。

委託品の所有権は受託者が販売するまで委託者のものです。それ故，委託販売の収益は受託者に商品を発送した時点では売上に計上せず，その他の商品と区別するための仕訳を行い，積送品を受託者が販売して初めて実現したと見なします。具体的に次の例を基に，会計処理を見ていきます。

設例6－1

令和x1年10月15日，さいたま商店は博多商店へ委託販売のために商品20,000円（200個，原価@100円）を積送し，発送費2,000円は現金で支払った。

（借）積 送 品	22,000	（貸）仕　　　　入	20,000
		現　　　　金	2,000

委託販売は商品の発送から販売まで時間がかかることもあって，ごく希にではあるものの，発送した積送品を担保に荷為替を組んで，商品代金を早期に回収することもあります。手続として，船荷証券もしくは貨物引換証などの**貨物代表証券**と引き換えに為替手形を取り組み，銀行で割り引いてもらいます。この為替手形は，商品が売買されてから処理されます。

設例6－2

令和x1年10月20日，さいたま商店は博多商店へ発送した積送品に対して15,000円の荷為替を取り組み，割引料750円を差し引いた残額を当座預金に預け入れた。

（借）当 座 預 金	14,250	（貸）前 受 金	15,000
手形売却損	750		

積送品を発送した段階では実現要件のうちの，（1）市場取引の存在と（3）流動性ある資産の獲得の2要件は満たしていません。よってまだ販売はされておらず，この商品についての売上は未実現のままです。ですので，借方の当座預金は売上ではなく，販売代金の前受け分と考え，前受金として処理します。

委託販売の売上は，受託者が積送品を販売した日をもって実現したと見なして収益を認識するというのが原則です（販売基準）。一方で，仕切精算書（売上精算書ともいいます）が積送品販売の

都度送られてきているような場合は，実際の販売日ではなく，仕切精算書が委託者に届けられた日をもって売上が実現した日と見なす特例も認められています（**仕切精算書到来基準**，（企業会計原則　注解　注 6 (1)))。

設例 6 － 3

令和x1年12月10日，さいたま商店は博多商店から以下の仕切精算書を受け取り，仕訳を行った。

```
            仕切清算書
          令和X1年12月10日

  埼玉商店殿
                              博多商店

    売上高　200個　@300円     60,000円
    緒掛　引取費・販売手数料他  10,000円
    受取金                   50,000円
    （差引）前受金            15,000円
    純受取金                 35,000円
```

　（借）前　受　金　　15,000　　（貸）積送品売上　　50,000
　　　　売　掛　金　　35,000

また決算時には次の仕訳が追加されます。販売委託していたすべての積送品が販売されたので，積送品勘定から仕入勘定（積送品売上原価勘定も可）へ振り替えることになるからです。

　　　　（借）仕　入　　20,000　　（貸）積送品　　20,000

（2）実現主義が利用される販売形態−試用販売−

試用販売とは，高額な機械設備などを顧客にいきなり購入させるのではなく，一定期間試してもらい，その後購入するかどうかを判断してもらう販売形態をいいます。ですので，商品を顧客に発送し，それを試用してもらって購入の諾否を決定してもらうので，販売の時期は一般商品のように出荷段階とする発送基準は利用出来ません。97頁の実現要件にある（1）市場取引の存在を考えると，先方からの買取意思表示があって売上を認識する**買取意思表示基準**（企業会計原則　注解 6 (2)）を採用するのが適当となります。以下の設例から，試用販売の会計処理法を確認します。

設例 6 － 4

①高崎電気は試用販売のために，商品20個（原価@100,000，売価@200,000）を顧客に発送した。
②その後試用販売先より10個分買取の連絡が得られた。
③決算整理仕訳を行う。

①については次の仕訳を行います（試用商品を手元商品と区別する仕訳を行う）。

　　　　（借）試用品　　2,000,000　　（貸）仕　入　　2,000,000

②10個分買取の連絡が入った時点で，この商品の売り上げは実現しましたので，次の仕訳を行います。また，半分の10個分についてはいずれ試用販売先から返品されますので，その仕訳も行います。

（借）売　掛　金	2,000,000	（貸）試 用 売 上	2,000,000
（借）仕　　　　入	1,000,000	（貸）試 用 品	1,000,000

③決算整理仕訳では，販売された商品の売上原価への振替仕訳が必要となるので，次の仕訳も建てます。

（借）仕　　　　入	1,000,000	（貸）試 用 品	1,000,000

（3）実現主義の適用－内部利益の除去－

　実現主義の適用で問題となるのが，内部利益除去の問題です。**内部利益**というのは，企業内部における独立した会計単位相互間の内部取引から生ずるものをいい，その代表例が本支店間取引から生ずる利益です[2]。

　本店から支店に商品を送付するときに，原価に一定の利益を加算した価額で送ることがあります。この場合，本店では「支店売上」勘定を，支店では「本店仕入」勘定を用いて，通常の売上及び仕入と区別します。この商品が期末まで支店において売れ残っていたならば，外部に販売されていないので，この商品は加算された利益分だけ過大表示されていることになります。というのも，本店仕入の商品は社外に販売されない限り，97頁の実現要件のどれも満たしていないことになるからです。よって，この利益は企業全体からいえば，実現していない未実現利益となります。従って，決算時にはこの未実現利益を除去する会計処理が必要になります。この未実現利益を内部利益といい，次の数式によって内部利益を算出します。

$$内部利益＝期末商品棚卸高（内部利益を含む）\times \frac{利益加算率}{（1＋利益加算率）}$$

　したがって，本店は支店送付商品に10％の利益を加算していたとし，本店からの仕入れ分の期末棚卸高が220,000円だった場合，内部利益は次のように計算します。

$$内部利益 ＝ 220,000 \times \frac{0.1}{1 ＋ 0.1} ＝ 20,000$$

　本支店合併損益計算書において売上高から支店売上高を控除し，仕入高（売上原価）から本店仕入高を控除するとともに，期末商品棚卸高から内部利益の額を控除します。ただ，内部取引は複雑な場合もあり得るので，合理的な見積高によることも差し支えないとされます（企業会計原則　注解11）。

3．収益の認識 −現金主義−

　現金主義とは，現金の収入という事実を基に，収益の認識を行う考え方です。現金の収入という客観的な事実によって収益の認識を行うので，計算に恣意性が介入しにくいと考えられます。しかも，もっとも信頼性の高い対価を受け取る時点を認識時点としているので，損益計算の客観性はかなり高いと予想されます。

　その反面，現金収入は販売のかなり後になることが一般的です。代金回収が翌期に渡る場合などでは，期間損益が適切に計算されるとは言い難いでしょう。よってこの基準が利用される状況は，以下の割賦販売のように，代金回収に特段の注意が必要なケースに限定されると考えるべきでしょう。

（1）現金主義が利用される販売形態 −割賦販売−

　収益の認識基準に現金主義が利用されるのは，割賦販売の，特に回収基準のみと考えられます。**割賦販売**とは，商品を引き渡した後，販売代金を一括ではなく，長期間にわたって分割して回収していく販売形態です。割賦販売は商品を引き渡してからも，（1）代金の全額回収までの期間が長期にわたる（2）通常の販売と同様に，割賦商品の所有権は代金が完済されるまで売り手に残留する（3）割賦代金の回収の危険性が高く，アフターコスト（集金，サービス費など）がかかります。このため，割賦販売は，通常の販売形態より代金回収に高いリスクが伴うので，原則は販売基準ですが，より保守的な回収基準の適用も認められています。回収基準は，割賦代金のうち回収した金額だけを収益として認識する方法です。

　ちなみに，**割賦基準**には回収基準の他に，割賦契約による割賦支払日がくると，実際の入金の有無にかかわらず割賦金を売上に計上する回収期限到来基準も認められています（企業会計原則　注解 6 （4））。回収基準よりも，回収期限到来基準のほうが少し売上高の実現の時期が早く，より実現主義に近いといえます。設例を使って，**回収基準**を検証しましょう。

設例 6 − 5

　令和x1年10月15日，さいたま商店は頭金¥30,000を受け取り，商品（原価¥100,000，売価¥150,000）を引き渡した。残金は毎月15日に¥12,000ずつ10回払いで受け取ることとする。

　　　　　　　　（借）現　　　　金　　30,000　　（貸）割 賦 売 上　　150,000
　　　　　　　　　　　割賦売掛金　　120,000

　令和x1年11月15日に第 1 回目の割賦金¥12,000を現金で受け取った。

　　　　　　　　（借）現　　　　金　　12,000　　（貸）割 賦 売 掛 金　　12,000

　令和x1年12月31日，さいたま商店は決算日を迎えた。割賦売掛金残高は¥96,000である。

　　　　　　　（借）割賦売上利益控除　　32,000　　（貸）繰延割賦売上利益　　32,000

　回収基準は割賦代金のうち回収した金額だけを収益として計上する方法であると前述しましたが，この会計処理法のもとでは，割賦売掛金の残高に含まれている利益だけを除去します。この設例では割賦金を 2 回受け取っているので，未回収の割賦売掛金¥96,000に含まれている次期へ繰り延べる割賦利益は次の式に従って計算します。

$$繰延割賦売上利益 \ = \ 割賦売掛金残高 \ \times \ \frac{割賦売上利益}{割賦売上高}$$

$$32,000 \ = \ 96,000 \ \times \ \frac{150,000-100,000}{150,000}$$

令和x1年12月31日の仕訳にある割賦売上利益控除は，売上総利益のマイナスを意味しますので，損益計算書の売上原価構成項目となります。貸方の繰延割賦売上利益は利益の繰延なので，割賦代金が回収されるまでは流動負債として計上します。

翌期にこの割賦売掛金が全て回収されれば，決算時に次の仕訳を行う。

　　（借）繰 延 割 賦 売 上 利 益　　32,000　　（貸）繰延割賦売上利益戻入　　32,000

以上の仕訳を**回収期限到来基準**に従った場合はどうなるでしょう。割賦代金の回収が滞りなく進む限り，回収基準と回収期限到来基準に大きな違いはないのです。回収期限到来基準に従う場合，仮に割賦金の支払いがなくても設例6－5の処理を行います。

割賦金の回収に滞りが生じたとき，通常売り主は顧客に売り渡した商品を取り戻すのが一般的です（取り戻し条項を付す）。そのような場合は，設例6－6のように仕訳を行います。

設例6－6

さいたま商店は，翌期に入り，顧客からの3回目以降の割賦金の支払いが滞っていたので，取り戻し条項に基づいて売却商品を取り戻した。取り戻した商品の評価額は¥50,000，この割賦売掛金について貸倒引当金は¥10,000が設定済みだった。

　　　（借）戻 り 商 品　　　　　50,000　　（貸）割 賦 売 掛 金　　　　96,000
　　　　　貸 倒 引 当 金　　　　10,000
　　　　　戻 り 商 品 損 失　　　 4,000
　　　　　繰延割賦売上利益　　　32,000

4．収益の認識－発生主義－

理念的には収益は図表6－1のように，生産プロセスの進行に従いながら徐々に稼得されるものとされています。ただ，この考え方に基づいて収益が認識されてしまうと，主観的な見積もりによる未実現の利益が含まれてしまいます。そうなると，処分可能利益の算定を通じた配当支払や租税支払という会計制度上の重要な目的が達成できなくなるという問題が生まれます。

ところが，場合によっては，収益の認識基準が販売基準では妥当ではないケースもあります。それが，次の工事進行基準に従って収益が認識される長期請負工事，**収穫基準**に従って収益が認識される農産物，**生産基準**に従って収益が認識される金・銀等です。

（1）発生主義が利用される販売形態－長期請負工事－

長期請負工事とは，船舶，建物，構築物などの生産期間が1年を超える長期間にわたる工事のことです。長期請負工事の工事収益は，請負価額がすでに契約によって確定しており，その実現は契約によって保証されています。それにも関わらず，工事が完成して相手方へ船舶や建物などを引き渡した時点で工事収益を認識すると，工事原価の発生期間と工事収益の認識時点がずれる

ため，かえって企業の経営成績が適正に表示されないことになります。そこで，事業途中の工事に要した当期費用の（見積もりの）総費用額に対する割合である工事進捗度を，請負価額（売渡価額）に乗じて，仕掛品原価に対応する工事収益を計上します。これを**工事進行基準**といいます。

　工事進行基準は，厳密にいえば，また対価を得ておらず，9頁の（3）流動性ある資産の獲得という要件を満たしていません。しかし，契約によって流動性ある資産の獲得は保証されており，さらに実現要件にこだわりすぎると，本来のねらいである収益と費用の適正な対応と期間帰属が達成できなくなります。

　実現要件を全て満たす収益認識の方法として，工事完成基準も存在します。これは，工事が完成し，目的物の引き渡しを行った時点で，工事収益と工事原価を認識する方法です。しかし，企業会計基準第15号「工事契約に関する会計基準」によって，工事契約に関して，成果の確実性が認められる場合には，工事進行基準が正当な収益認識の方法として確立しております（「工事契約に関する会計基準」 par.9）。

設例 6 － 7

　赤羽建設（会計期間は 1 年，決算日は 3 月31日）は，以下の工事契約を締結した。請負工事契約の工事請負額は¥65,000,000，工事は令和x1年 5 月17日に着工し，令和x3年 6 月11日に完成・引き渡しの予定である。工事原価の見積額は¥50,000,000であったが，令和x1年度の工事原価実際発生額は，令和x1年度が¥30,000,000，令和x2年度が¥12,000,000，令和x3年度が¥8,000,000であった。

令和x2年 3 月31日

（借）完 成 工 事 未 収 入 金　39,000,000*1　　（貸）完 成 工 事 高　39,000,000
　　　完 成 工 事 原 価　30,000,000　　　　　　　　　未成工事支出金　30,000,000

$*1: 65,000,000 \times \dfrac{30,000,000}{50,000,000} = 39,000,000$

令和x3年 3 月31日

（借）完 成 工 事 未 収 入 金　15,600,000*2　　（貸）完 成 工 事 高　15,600,000
　　　完 成 工 事 原 価　12,000,000　　　　　　　　　未成工事支出金　12,000,000

$*2: 65,000,000 \times \dfrac{30,000,000+12,000,000}{50,000,000} - 39,000,000 = 15,600,000$

令和x4年 3 月31日

（借）完 成 工 事 未 収 入 金　10,400,000*3　　（貸）完 成 工 事 高　10,400,000
　　　完 成 工 事 原 価　8,000,000　　　　　　　　　未成工事支出金　8,000,000

$*3: 65,000,000 - (39,000,000 + 15,600,000) = 10,400,000$

　なお，建設業会計では，勘定科目が特殊なので注意が必要です。以下に，通常の製造業で用いられる勘定科目と建設業会計で用いられる勘定科目を対比して示します。

通常の製造業	建設業
売上	完成工事高
売上原価	完成工事原価
売掛金	完成工事未収入金
仕掛品	未成工事支出金
買掛金	工事未払金
前受金	未成工事受入金

（2）発生主義が利用される販売形態－収穫基準・生産基準など－

米や麦などの農産物は，生産者米価，生産者麦価など政府への納入価格が事実上決定していますので，収穫した段階で収益の実現が保証されていると考えられます。こうした，収穫の段階で特別に収益を認識することが認められる基準を，収穫基準と呼びます。

金や銀，石油・ガスなどの採掘を行っている産業では，生産物の多くが固定的な販売価格と高い市場性を有します。こうした採掘物については，販売を待たずに生産・採掘の段階で，見積売価からアフターコストを差し引いた正味実現可能価額で収益を認識する生産基準の適用が容認されています。

5．収益の測定－収支基準－

これまでは収益の認識について説明してきましたが，その金額はどのように測定するのでしょう。

収益についても，後述する費用についても測定の基準は一貫しています。**測定基準**としては収支基準と時価基準の，主に二つが挙げられます。**収支基準**とは，収入額または支出額に基づいて収益または費用を測定する基準です。もちろん，対価が現金でない場合もあります。受け入れた貨幣性資産の額をもって収益の額とする，もしくは支払った対価の額をもって費用の額とするというものです。そのため，収支基準は取引価額主義とも呼べます。一方，**時価基準**とは時価をもって収益または費用を測定するものです。

企業会計原則においても，「全ての費用及び収益は，その支出及び収入に基づいて計上し，その発生した期間に正しく割り当てられるように処理しなければならない」（損益計算書原則　一A）。この文言からも収益の測定は収支基準に基づいていることが分かります。

第2節　費用の認識と測定

費用とは，減資その他の資本取引以外の，企業の主たる営業活動その他の活動の結果もたらされる純資産の減少分をいいます。実際，第2章でふれた「財務会計のフレームワーク」では，費用は次のように定義されます。

「費用とは，純利益または少数株主損益を減少させる項目であり，特定期間の期末までに生じ

た資産の減少や負債の増加に見合う額のうち，投資のリスクから解放された部分である。」（第 3 章，par.15）。

　費用について投資のリスクから解放されるのは，一般には，財貨または役務のうち事業を通じて消費された部分と考えられます。つまり，費用の認識は，消費という事実に基づいて行われます。これが，発生主義とよばれる基準で，費用認識の一般的な基準です。発生主義が**消費基準**と呼ばれるのもこのためです。

　その発生の特質に注目すると，費用は複数の種類から構成されることが分かります。第一に，給料や光熱費などのように，当期の現金支出額をもって当期に計上される費用があります。第二に，評価性引当額または負債性引当額への繰入額のように将来の支出見積額として当期に計上される費用があります。第三に，製造業における材料費や労務費，減価償却費のように，製造過程における「費用配分の原則」を通じて別の費用（仕掛品原価，製品原価，売上原価）に転換していく費用もあります。第四に，火災や地震などによって収益の獲得という目的に貢献せずに消滅していく損失もあります。これらの費用を当期の費用として適切に計上するためには，収益の獲得と結びつける必要があります。費用を適切に期間帰属させるためにも，費用の認識基準を明確にする必要があります。

1．費用の認識基準－現金主義－

　収益の認識基準に現金主義があるように，費用の認識にも現金主義があります。給料や光熱費，支払利息などのように当期の現金支出をもって費用が発生したとみるものです。このケースは，現金支出と消費がほぼ同時なので認識時点はほぼ同一になるのであって，実際のところ一般的な認識基準とはいえません。こうした費用は，取引の記帳に際して便宜的に現金主義を採用し，現金支出の時に費用勘定に計上します。

2．費用の認識基準－発生主義－

　発生主義とは，現金支出が行われたか否かで判断するのではなく，費用の発生事実をもってその認識を行う考え方です。発生主義が適用されるのは，現金主義によって認識される費用のみならず，評価性引当金及び負債性引当金への繰入額，費用配分の原則を通じて別の費用に振り替えられていく費用など，費用全般です。その方法としては，例えば，決算時には未消費の部分は費用から除き，資産として繰り越します。また，役務の提供を受けて消費したが対価の支払いをまだ済ませていない部分については未払費用として費用に加え，併せて負債を計上することで発生主義が貫かれます。

3．損益の見越と繰延

　受取利息や支払利息，受取地代や支払地代，受取使用料や支払使用料などのように，一定の契約に従って継続して役務の提供を行う場合もしくは役務の提供を受ける場合，時の経過に伴って発生する収益と費用があります。こうした収益と費用については，当期に負担すべき費用であっても，あるいは当期に獲得した収益であっても，期末までに対価を支払っていなかったり，受け

取っていないことがあります。そのような場合，当期の損益に属するものであっても現金収支を得られなければ，未収収益・未払費用として収益と費用を見越計上します。反対に，当期の現金収支の中に次期以降のものが含まれていれば，前受収益・前払費用として，当期の収益と費用から差し引いてその収益・費用を繰延計上することになっています（「企業会計原則」第二，一，A，注解5）。

　役務提供による収益・費用は役務提供が完了して初めて認識するのが原則ですが，契約に基づく継続的な役務提供による収益の場合は，当年度中に提供した役務の量に応じて認識することも認められます。このように，時間の経過が測定の尺度となることから，この認識基準は，発生主義の一つである時間基準と呼ばれます。

　一つだけ注意をしたいのは，勘定科目の相違です。未収収益は会計期間終了時点において役務の提供が未了の収益について適用される勘定科目です。したがって役務の提供が完了していれば，対価を受け取っていなくても未収収益ではなく，未収金として処理します。一般に未収金とは，営業外債権を指し，売掛金などの営業債権と明確に区分されていますが，契約上の役務提供が完了した未収収益も，未収金となります。

設例6－8

　浦和商店は7月1日に所有土地の一部を賃貸した。契約期間は1年，受取地代は月¥50,000，3カ月毎にまとめて受け取る契約になっていた。当社は9月末日を決算日としており，賃貸契約は9月末日では未了である。9月末日の仕訳は次のようになる。

　　（借）未　収　金　　　150,000　　　（貸）受取地代　　　150,000

　この場合3カ月毎に対価を受け取る契約なので，3カ月毎に役務の提供は中間的に完了したと考えられます。

4．費用の測定基準と費用配分の原則

　金額の決定については，認識と区別して測定と呼びます。費用も基本的に支出額を基礎に費用額は決定されます。ですので，収益と同様に，費用も収支基準に基づいて測定されます。一方で，費用額は現金支出のみから測定されるわけではありません。発生主義に基づいて費用は認識されるのですから，費用額についても，取得された資産の価額から費消分を基礎に決定されます。取得資産は第4章で説明したように，取得原価で測定されます。資産取得時の評価額である取得原価を当期と次期以降に配分することにより，当期に帰属する費用額は，期間費用として決定されます。この場合の基本原則を「**費用配分の原則**」（cost-allocation principle）といいます。

　では費用配分の原則を機能させる際の基準は何でしょう。一般には，次の3つが基準として想定されます。第一に，棚卸資産を売上原価に配分するときのように，購入した商品在庫の費消量を基準とする方法です。第二に，有形固定資産及び無形固定資産の減価償却による費用化のように，期間または利用高のいずれかを基準とする方法です。第三に，繰延資産のように，時間の経過を基準とする方法が挙げられます。

第 3 節　費用と収益の対応

　第 2 節までの内容を整理すると，次のようにまとめられます。収益については，認識の一般的基準である実現主義の 3 要件を満たしたものが実現収益として，当期の収益になります。一方，費用認識の一般的基準は発生主義であり，財貨又は役務を消費したときに費用は認識されます。そして，把握された費用（これを広義の費用もしくは発生費用といいます）のうち，実現収益に対応する部分が切り離されて当期の期間費用に配分されるのです。費用配分の原則は，当期の収益に対応する費用と次期以降に繰り越される費用とに区分するための基準として機能します。

　この関係は，売上原価の決定を見ると，よりわかりやすく見えてきます。製造業の場合，当期中に製品の製造のために消費された財貨または役務のうち，期末に製品や仕掛品などの棚卸資産として繰り越されるものは，当期の期間費用ではありません。一方で，前期から繰り越された期首の棚卸資産（仕掛品や製品）の中には，当期に販売されて売上原価に転換したものもあります。損益計算とは，当期の収益を獲得するのに貢献した費用，言い換えると収益を獲得するのに要した費用を差し引くことで，余剰である利益を計算することに他なりません。当期の売上高の獲得に貢献しなかった売上原価は，次期へ棚卸資産として繰り越されます。この収益と費用の対応関係のことを，**費用収益対応の原則**（principle of matching cost with revenue）といいます。

　この関係は別のアナロジーを用いてよく説明されます。たとえば，定期試験でいい成績を残そうとするのであれば，日頃からノートをしっかり取ったり，本を読んだり，インターネットなどを通じて情報を収集することによる努力は欠かせません。このように，成果とそれを得るための努力が因果関係をもつように，収益と費用は対応するわけです。ただ費用収益対応の原則において注意しなければならないのは，対応に際して基準となるのは収益の側です。その例外は，請負収益についての工事進行基準の適用くらいです。

　ただ，費用収益対応の原則が直接的に観察することの出来るケースは，売上高と売上原価についてです。こうした対応関係を，一般に**直接的対応**と呼びます。これ以外に，収益と費用が，期間を介してのみ対応する関係を，**期間的対応**といいます。費用と収益の大半は，実は期間的に対応しているに過ぎません。売上高と販売費及び一般管理費の間に，直接的対応を見つけるのは困難です。営業外収益と営業外費用との間に，直接的な対応関係は一切ないでしょう。現実的な見方をすれば，費用収益対応の原則は期間損益計算を貫く基本原理ではありますが，この原則だけで全てが説明できるわけではないことに留意すべきでしょう。

第 4 節　研究開発費の会計と費用収益対応の原則

　第 4 章で説明しましたが，研究開発費についての会計処理は，「**研究開発費等に係る会計基準**」の公表以降，基本的に発生時にすべて費用として処理することになりました。**研究開発費**とは，新しい知識の発見を目的とした計画的な調査及び探求や，新しい製品等についての計画若しくは設計又は既存の製品等を著しく改良するための計画若しくは設計として，研究の成果その他の知

108

識を具体化することに関する費用をいいます（同基準一）。研究開発費は，企業の将来性を示唆する重要な投資情報であるため，この処理について内外企業間での比較可能性を十分に確保する必要性があります。こうした理由から，それまでの費用処理と資産計上を任意とする会計基準は，不適切とされました。

　もう１つ重要な指摘として，将来の収益との対応が不明確という批判でした。費用を次期に資産として繰り越すのは，その費用が将来獲得される収益と確実に対応するからです。研究開発費の場合，研究開発計画が進行し，新製品等の開発に成功したとしても，あくまで収益獲得期待が高まったに過ぎません。収益との対応関係が確実といえるまでは，研究開発費を資産として貸借対照表に計上するのは，難しいというのが当該会計基準を設定した企業会計審議会の考えでした。

　この思想は，**ソフトウェア制作費**の会計処理についても，反映されています。例えば，市場販売目的のソフトウェアは，複写可能な完成品である製品マスターが制作されるまでと，制作完了後とで会計処理を分けております。製品マスターの制作が完了するまでは，研究開発が進行している段階なので，次期以降に獲得される収益との対応関係は，あまり明確ではありません。このため，製品マスター完成までの制作活動に要した費用は，すべて研究開発費として一括費用処理がなされます。

　一方，製品マスターを外部から購入したり，自社制作が完了すると，収益との対応関係が明確になります。そうなると，ソフトウェアの機能改良や性能向上のための費用は，製品マスターの取得原価として計上します。バグ取り等の機能維持に要した費用は，機能改良や性能向上を行う制作活動には該当しないため，発生時の費用として処理します。これも収益との対応関係が明確ではないからです。

　また，製品マスターはそれ自体が販売の対象物ではなく，これを複写して製品を制作すること，製品マスター自体が法的権利（著作権）を有していること，及び適正な原価計算によって取得原価が明確にできることから，その取得原価は無形固定資産として計上することになっています。

　最後に，マニュアルを作成したり，複写・梱包に要した費用は，他の製品と同様に，その製造原価を棚卸資産として計上します。

　このように，日本の会計基準の下では研究開発費は基本的に発生時にすべて費用として処理することになっています。ところが，IFRS38号は，研究開発における研究段階と開発段階を明確に区別します。研究段階の支出については，すべて発生した年度に費用として処理します。これについては前述の日本の会計基準と変わりません。一方，開発段階の支出については，下記の要件をすべて満たす場合は「無形資産」として計上します。

　＜開発費を資産計上する要件＞
　（1）完成させる技術力がある。
　（2）完成させて利用もしくは販売する意図がある。
　（3）完成させて利用もしくは販売する能力がある。
　（4）収益獲得のしくみ（市場の存在など）がある。
　（5）開発を完了させ，利用もしくは販売のための資源（技術上，財務上，その他の資源）が利用
　　　できる。

　(6) 開発期間にかかった支出を無形資産の原価として信頼性をもって測定する能力がある。

　一言でいえば「開発の成果を利用して将来の収益を獲得できる見込みが相当程度高い場合は，資産として計上してもよい」ということになります。この基準はまだ日本で採用されているわけではありませんが，いずれ検討しなければならない時期が来ることは十分に予想されます。今のうちから，研究費と開発費の区別や資産として計上するための方針を検討しておくべきでしょう。

── 練 習 問 題 ──

問題 6 − 1
　損益計算書の 5 つの業績指標を説明しなさい。

問題 6 − 2
　認識と測定の違いは何ですか。

問題 6 − 3
　実現主義と現金主義，発生主義について説明しなさい。

問題 6 − 4
　長期請負工事に係る工事収益の認識方法として工事進行基準が適当である理由を説明しなさい。

問題 6 − 5
　費用収益対応の原則と費用配分の原則それぞれについて説明しなさい。また二つの関係についても説明しなさい。

問題 6 − 6
　次の決算整理前残高試算表により損益計算書の空欄①～⑦を埋めなさい。

決算整理前残高試算表（単位：千円）

繰越商品	18,000	一般売上	?
積送品	96,000	積送品売上	122,880
試用品	88,500	試用品売上	107,100
仕入	86,400		

【資料 1 】

1．期首積送品有り高　12,800千円　　期末積送品有り高　19,200千円

2．試用品の期首残高は10,500千円

3．積送品は一般売価の20％増，試用品は 5 ％増で販売された。

4．一般売価の原価率75％

5．試用品の売上原価は期末に一括して仕入勘定に振り替えている。

6．期末手許商品は14,400千円であり，棚卸減耗はなかった。

7．積送品も試用品も期末時点の会計処理法は，期末一括法を採用している。

損益計算書（単位：千円）

Ⅰ 売上高
1．一般売上　　　　　　（　　①　　）
2．積送品売上　　　　　　　122,880
3．試用品売上　　　　　　　107,100　　　　（　　②　　）
Ⅱ 売上原価
1．期首商品棚卸高　　　（　　③　　）
2．当期商品仕入高　　　（　　④　　）
　　合計　　　　　　　　　　288,900
3．期末商品棚卸高　　　（　　⑤　　）　　　（　　⑥　　）
　　売上総利益　　　　　　　　　　　　　　（　　⑦　　）

■ 注 ■

（1）これについては例外もあります。土地の価格高騰を背景に，1998年から2002年までの時限立法として「土地再評価法」が施行されました。これによって，土地の未実現評価益が資本の部に直接計上されました。現在も，純資産の部の「評価・換算差額」項目の一つとして残存しています。また，収益認識の新会計基準が2020年度から適用予定です。

（2）親会社と子会社を経済的に一体のものと見なして作成する連結財務諸表においても，未実現利益は発生します。親会社から子会社へ販売された商品に利益が加算されている場合，連結損益計算書を作成するときは，本支店合併損益計算書と同様に内部利益除去の会計処理を行います。

◆ 参考文献 ◆

［1］伊藤邦雄『新・現代会計入門（第4版）』日本経済新聞社，2020年。

［2］桜井久勝『財務会計講義（第21版）』中央経済社，2020年。

［3］中村忠『現代会計学』白桃書房，2005年。

［4］森田哲彌『価格変動会計論』国元書房，1979年。

第7章　法人税法

第1節　法人税法会計の概要

1．租税法律主義と納税義務者

　わが国憲法第30条では納税の義務が規定されていますが，それと同時に納税は法律によらなければならないことが憲法第84条において保障されており，これを**租税法律主義**といいます。この租税法律主義によって国・地方自治体はむやみに課税することができなくなります。新たな課税は法律の制定・改正を経て初めて国民の同意を得たと考えます。課税は強制的な法手続きですから税額計算の根拠条文は租税法に必ず存在します。

（1）法人税の構造

　法人税法本法において課税に関する詳細な規定を全て網羅することは困難です。仮に多大な労力を費やしてその困難を乗り越えたとしても，そのような法律では経済のめまぐるしい変化に対応できません。そこで法律を補うために政令・省令・通達が定められます。政令とは内閣の閣議決定によって制定され，省令は各省の大臣が定めます。また通達は厳密にいうと法律とはいいませんが，全国各地にある税務署で税法規定の運用に統一性が保たれるようにと国税庁が税法ごとに定めた解釈指針や運用方針です。ただし，通達が頻繁に改正されることで，従来納税者が節税としてきた税務処理に制約が与えられるとすれば，納税者の権利を侵害する事にもなりかねません。

　このように課税には強制力を伴うことから公平さが求められ，納税者の権利が守られることが重要となります。また法を法として成立させるための基礎概念としても公平は重要な原則ですが，そもそも課税における公平原則の起源は**租税原則**に求められます。

（2）納税義務者

　法人税法に規定される納税義務を負う者とは，国内に本店又は主たる事務所を有する法人（内国法人）と外国法人のほか，法人ではない社団又は財団で，代表者又は管理人の定めがある者（人格のない社団等）となります。そのうち内国法人は，納税義務のない公共法人，収益事業に低率課税される公益法人等，収益事業に普通税率課税される人格のない社団等，全ての事業に対して低率課税される協同組合等，全ての事業に対して普通課税される普通法人に分類されます（法法2三～九，法法4①，③）。

（3）青色申告

　納税者の自主的な報告によって納税額を確定するのが申告納税方式ですから，課税側が納税側の申告を信頼するという前提でこの制度は成立します。また課税の見落としを減らそうとすれば納税者の数だけ税務署職員を増やせばいいことになりますが，最小徴税費の原則（次節参照）が優先されるので，徴税コストをいたずらに増やすことは問題があります。そこで最小の費用で最大の税収を得るための方法として，納税者に一定の帳簿書類を備え付けさせて（法規59①），所定の事項を税務書類に記録し，申告書を提出させることにしました。これが青色申告制度といわれる制度で，シャウプ勧告に基づき，昭和25年の税制改正によって実現しました。なお青色申告法人になるためには納税地の所轄税務署長の承認を受けることで，次のような特典を得ることになります（法法121）。

　　① 　各種引当金・準備金の設定

　　② 　特別償却などの減価償却の特例

　　③ 　欠損金の 7 年繰越控除

　　④ 　更正の制限と理由の付記

　　⑤ 　法人税額の特別控除（試験研究費を増加した場合など）

2．確定決算と税務調整

　内国法人が法人所得を算定するためには，原則として会社法の規定に従って費用と収益の差額から当期純利益を算出し，それが株主総会によって承認されなければなりません。そして各事業年度終了の日の翌日から原則として 2 カ月以内に税務署長に対し，確定した決算に基づき所定の事項を記載した確定申告書を提出しなければなりません（法法74①）。このように決算の確定が法人所得を計算するためのはじめの一歩ということになります。

　法人所得を算定するためには，費用と収益の額をそれぞれ税法の規定に従って修正して損金と益金とし，それらの差額を求めます。法人所得の算定は「別表四」と呼ばれる税務書類で申告調整として行われます。そしてこの算定された法人所得に税率をかけて法人税額を算定しますが，こちらは「別表一」で計算されます。

　法人が作成した損益計算書には減価償却費や役員報酬額，引当金の繰入額などの費用項目が計上されますが，そうした費用項目の多くについて法人税法では限度額を設けています。もしも限度額を設定しないでおくと，過大な減価償却費や役員報酬の計上によって，国に納められるはずの法人税額が減少してしまいます。課税側としてはそのような弊害は避けねばならないので，法人所得を算定するときには，確定決算で計上された費用や収益の一部を税法上の損金益金として認めない他，会計上は認めない費用収益を税法上は認めて損金とする申告調整を行います。申告調整には損金不算入・損金算入・益金不算入・益金算入があります。

　申告調整は税務調整の一つですが，税務調整にはこの他に決算の段階で費用収益の数値を修正する決算調整があります。申告調整は別表四を用いて行いますが，決算調整は修正の内容が当期純利益に反映されます。

　法人所得算定のために税務調整を行うのは，租税法が発生主義や実現主義を認めていないこと

に原因の一つがあります。これまでの財務会計の学習では，発生主義と実現主義によって費用と収益が計上され，それらの間の期間的対応関係から，当期純利益を算出してきました。しかし法人税法では債務確定主義と権利確定主義によって，損金と益金が計上されます。債務確定主義と権利確定主義に基づいて損金益金を計上するという思考は，期間対応を重視すると言うより，取引当事者間の法的関係を重視することを意味します。つまり，「われわれの日常の私人間の法律関係で，『法的に最も安定した状態』が権利・義務の確定したとき」と考えるのです。従って「会計学や税法学のそれぞれの立場において，一方では経済的観点から，他方では法的観点から，おのおの意味のあるアプローチがとられている」といえます[1]。

3．損金益金

　法人は確定した決算（会社法による計算）に基づいて申告書を提出しなければなりません（法法74）。そしてその確定した決算で費用又は損失を経理することを**損金経理**といいます（法法2二十五）。法人の最終意思決定機関は株主総会であるために，損金経理された費用や損失が株主に承認され，承認された当期純利益をもとに課税所得計算が行われることになります（確定決算主義）。従って原則として，株主の承認を得ていない費用等を申告調整段階で損金として計上することは認められません。

　また法人の費用又は損失のうち，損金算入が可能となる金額について損金経理を要件としているのは，法人経営者の恣意性排除を目的としているからです。つまり，評価損・繰延資産を含む償却資産の償却費・引当金繰入額などは，決算時に計上される現金支出を伴わない内部取引です。したがって，これらの計上額はややもすると恣意的に決定される傾向があります。そのため法人税法ではこれらの費用について厳格に限度額を設けているのです。

（1）損金の額

　費用計上した法人税や住民税，交通反則金，損金算入限度額を超過した寄付金・交際費は，申告調整の際，損金不算入となります。また計上された費用には常に過大部分があるわけではなく，逆に損益計算書に計上していない費用について，申告調整の段階で損金として認められることもあります。これを損金算入といい，諸準備金や特別償却・圧縮記帳等の処理で損金算入されることがあります。このように費用の額が申告調整によって修正されるために，損金の総額は費用の総額に一致しません。この関係を示したのが下に掲げる図です。

図表 7 - 1　費用と損金の関係

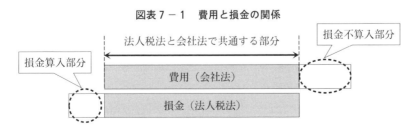

損金の額は①その事業年度の収益にかかる売上原価，完成工事原価等の原価，②その事業年度の販売費及び一般管理費など，③その事業年度の損失で資本等取引以外によるものによって構成されます（法法22③）。

（2）益金の額

損金の総額が費用の総額と一致しないのと同様に，益金の総額も収益の総額に一致しません。例えば確定決算上は受取配当金額は営業外収益となり，損益計算書に記載されます。しかし法人税法では**二重課税排除**のため，受取配当額を益金不算入とします（法法23①）。また無償で資産を譲渡した場合に税法では資産を譲渡した側に益金が生じるとみなし，益金算入とします。このように収益の額が申告調整によって修正されるために，益金の総額は収益の総額に一致しません。この関係を示したのが下の図です。

図表 7 － 2 　収益と益金の関係

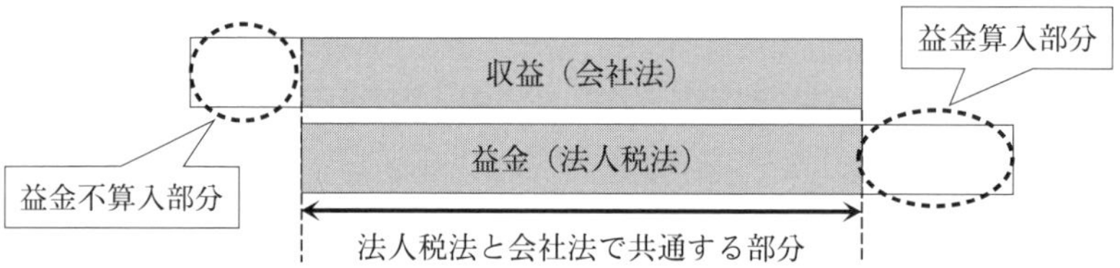

益金の額は，別段の定めのあるものを除き，①資産の販売，②有償又は無償による資産の譲渡又は役務の提供，③無償による資産の譲受け，④そのほかの取引で資本等取引以外によるものによって構成されます（法法22②）。なお資本等取引とは，法人の資本等の金額の増加又は減少を生ずる取引と法人が行う利益又は剰余金の分配をいいます（法法22⑤）。また企業会計原則で言うところの資本取引との違いですが，企業会計原則では法人が行う利益又は剰余金の分配を資本取引に含める，含めないに関して2説ありますが，税法上にいう資本等取引はそれを含めるということで見解が統一されるところに違いがあります。

（3）PLと別表四の関係

当期純利益がどのように法人所得へと変わるのか，その両者の関係について，過大な減価償却費を計上した場合の申告調整を例に挙げて考えてみましょう。実際の申告調整では別表四で損金不算入の手続きをしますが，図表 7 － 3 では損益計算書において修正がなされたように図示してみました。

損益計算書に計上された減価償却費が適正部分と過大部分併せて150円あり，そのうち税務上の適正部分（＝損金算入限度額）を100円とすれば，認められない減価償却費（＝損金不算入額）は50円です。この50円の費用計上を認めずに100円だけを損金とする申告調整が損金不算入となります。この結果，損金不算入によって当期純利益は200円から250円に増えました。申告調整では法人税法上認められない50円の減価償却費が計上されないと考えます。なお，この場合の調整後PLにおける当期純利益250円は法人所得と置き換えて考えてください。

図表 7 － 3　損金不算入と PL・別表四の関係

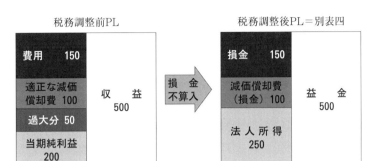

　さて，申告調整には損金不算入・損金算入・益金不算入・益金算入の 4 種類がありますが，この 4 種類の申告調整を，法人所得を増加させるのか減少させるのかという観点から 2 種類に分けてみましょう。

　まず 1 つ目は法人所得を増加させるグループです。損金不算入は費用科目を減少させ，この結果，法人所得を増加させますが，それと同じ効果をもたらすのが益金算入です。益金算入は収益科目を増加させますので，結果的に法人所得を増加させます。このようにみてくると，損金不算入と益金算入は法人所得を増額修正させますので，加算項目という名の同じグループになります。

　また逆に損金算入と益金不算入は法人所得を減少させる申告調整ですから，これらを税法用語で減算項目といい，同じグループとします。加算項目と減算項目が法人所得の算定にどのような数値の変化をもたらすのか，下の図にまとめてみました。

図表 7 － 4　加算項目と減算項目

$$当期純利益 + \begin{bmatrix} 損金不算入 \\ 益金算入 \end{bmatrix} - \begin{bmatrix} 損金算入 \\ 益金不算入 \end{bmatrix} = 法人所得$$

加算項目　　　　減算項目

（4）当期純利益と法人所得の関係，そして公正処理基準

　損金の総額が費用の総額に一致せず，益金の総額が収益の総額に一致しないため，損金と益金の差額である法人所得は，費用と収益の差額である当期純利益に一致しません。したがって下の図のように，損益計算書を作成して利益も損失もない状態でも，申告調整すると法人所得が発生し，法人税を払うこともあり得るのです。

図表 7 － 5　損益計算書と別表四の関係

費用（会社法）	
収益（会社法）	

損益計算書

損金（法人税法）	法人所得
益金（法人税法）	

別表四

　このように申告調整によって企業利益を計算し直して法人所得を算定しますが，計算手段として簿記会計を利用することで，所得計算の簡素合理化を図っています[2]。もし会社法による利益計算を元に法人所得を算定するという合理化が無ければ，法人税額を算定するために必要とされる全ての会計処理規定について，法人税法が新たに基準や原則を設定する必要があります。そこでそうした煩雑な作業を回避するために法人税法における会計処理規定を簡略化し，公正処理基準を設けたのです（法法22④）。この結果現在では，「法人税法の『公正処理基準』は『企業会計原則』そのものではなく，『企業会計原則』のうち法人税法の所得計算の目的に照らして課税の公平という視点に立って妥当な結果をもたらす合理的な会計処理についてはこれを含み，その他にも同様の視点から合理的な会計処理があればそれをも含む」と考えられています[3]。

4．法人税額算定の流れ

　課税所得に税率がかけられて年税額が算定されますが，確定申告において納付する法人税額は，法人税額計（年税額）から源泉所得税額と中間納付額を差し引いた残額になります。会社決算は，原則的には計算書類が定時株主総会に提出され，承認を得て確定されます。しかし会計監査人設置会社であり，かつ取締役会設置会社で適正意見が付されれば，株主総会の承認を待たずに決算が確定することになります。

図表7－6　税額算定の流れ

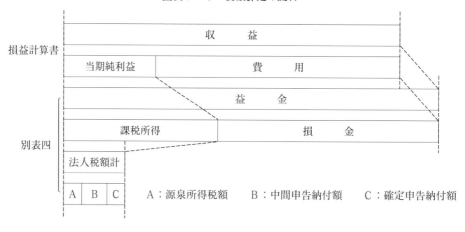

　法人税法では法人税の納税を円滑かつ確実に行うために，各法人の事業年度開始の日から6カ月を経過した時点より2カ月以内に中間納付を行うこととしています。中間納付額は，①前年度に確定申告した法人税額の2分の1を納税する予定申告か，②6カ月間を一会計期間として中間仮決算を行い，納税する方法があります（法法72①）。

　①の方法は業績が上昇傾向にある法人には有利ですが，納付する中間申告法人税の額が10万円以下であれば中間申告は行いません（法法71①）。つまり前年度の法人税額か20万円以下なら中間申告不要となります。たとえば決算年1回・2月決算の法人の納税スケジュールを示すと次の通りとなります[4]。

図表7－7 法人税の中間申告と確定申告

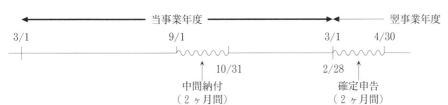

資本金1億円超の普通法人（相互会社を含む）に対し，平成30年4月1日以後開始事業年度で23.2%の税率が適用されます（法法66①）。しかし資本金1億円以下の小資本の法人には法人所得800万円までの所得に対して19%の税率が適用されます（法法66②）。なお令和3年3月31日までに開始する事業年度の所得金額800万円までの部分に対して15%の税率となります（措法42の2）。

設例7－1

次の資料により，全経産業株式会社の第○期事業年度（自平成17年4月1日 至平成18年3月31日）の確定申告により納付すべき法人税額を解答欄にしたがって計算しなさい。なお，提示された資料以外は一切考慮しないものとする。

【資料】

1．期末現在資本金額 65,000,000円

2．当期利益の額 42,580,000円

3．所得金額の計算上税務調整すべき事項

(1) 損金の額に算入した中間納付の法人税額 10,036,000円

(2) 損金の額に算入した中間納付の県民税及び市民税の額 2,893,600円

(3) 損金の額に算入した納税充当金 12,000,000円

(4) 交際費等の損金不算入額 987,000円

(5) 減価償却超過額 590,000円

(6) 納税充当金から支出した前期分事業税額 2,133,000円

(7) 貸倒引当金に関する事項

損金の額に算入した貸倒引当金繰入額	税法上の貸倒引当金繰入限度額
1,250,000円	920,000円

(8) 受取配当等の益金不算入額 120,000円

(9) 法人税額から控除される所得税額 58,250円

【解答】

I　所得金額の計算

摘　　　　要		金　　額
当　期　利　益		42,580,000円
加算	損金の額に算入した中間納付の法人税額	10,036,000
	損金の額に算入した中間納付の県民税額及び市民税の額	2,893,600
	損金の額に算入した納税充当金	12,000,000
	交際費等の損金不算入額	987,000
	減価償却超過額	590,000
	貸倒引当金繰入限度超過額	330,000
	小　　　　計	26,836,600
減算	納税充当金から支出した前期分事業税額	2,133,000
	受取配当等の益金不算入額	120,000
	小　　　　計	2,253,000
仮　　　　　　　　計		67,163,600
法人税額から控除される所得税額		58,250
合　計　・　総　計　・　差　引　計		67,221,850
所　　得　　金　　額		67,221,850

II　納付すべき税額の計算

摘　　　　要	金　　額	計　算　過　程
所　得　金　額	67,221,000円	1,000円未満の端数切り捨て
法　人　税　額	14,939,272	(1) 年800万円以下の所得金額に対する税額 $8,000,000 \times 15\% = 1,200,000$ (2) 年800万円を超える所得金額に対する税額 $(67,221,000 - 8,000,000 \times \dfrac{12}{12}) \times 23.2\%$ $= 13,739,272$ (3) 税額計　(1) + (2) =　14,939,272円
差　引　法　人　税　額	14,939,272	
法　人　税　額　計	14,939,272	
控　除　税　額	58,250	
差引所得に対する法人税額	14,881,000	100円未満の端数切り捨て
中間申告分の法人税額	10,036,000	
納付すべき法人税額	4,845,000	

第2節　税効果会計

1. 税効果会計の概要

　会計ビッグバン以前では，税引前当期純利益から企業が納税すべき法人税等を差し引き，残額が当期純利益として表示されていました。しかし会計ビッグバンによって，税引前当期純利益の多寡に応じて，計上される法人税等の額を調整すべきとの考え方が強まりました。一般論として現代会計では，投資家・株主の意思決定に資する財務諸表の作成が望まれており，損益計算書に計上される法人税額についていえば，企業業績が向上したときはより多くの法人税が計上され，逆に業績が下降したときは法人税も少なくなるよう表示されるのが好ましいということになっています。このように法人税額と企業利益を期間的に対応させるべきと考えるのは，納付される法人税が通常の株主にとって不可避的・強制的な支出であり，この結果，法人税は企業経営上のコストと認識されているからです。

　しかし前節で学習したとおり，法人税額が多いからと言って税引前当期純利益が多いとか，その逆が必ずしも成立するとは限りません。法人所得を計算する損金益金概念と，企業利益を計算する費用収益概念が異なるため，結果として法人所得と企業利益の間に対応関係が無いのが普通となります。このような法人税と税引前当期純利益の金額的乖離を調整するために導入されたのが税効果会計制度です。そこで税効果会計の制度を理解するために，簡単な例を挙げて考えてみましょう。

　n期の収益20,000円・費用10,000円とします。費用の中には税務調整で損金不算入となる商品評価損2,000円が含まれており，税務調整はこのほかに存在しないものとします。また，このときの税引前当期純利益は10,000円となります。

　翌期であるn＋1期において，商品評価損の計上以外，費用収益が全てn期と同じであるとすれば，当期純利益は12,000円となり，前期に比し税引前当期純利益が増加します。このようにn期では企業会計上は税引前当期純利益が10,000円であり，n＋1期で12,000円となり，増加します。それではこのn期とn＋1期の法人所得を計算してみると，どうなるでしょうか。

　n期において発生した商品評価損2,000円は，法人課税上は損金として認められないため，左の別表四の通り税務調整を受けます。このため法人所得が12,000円となり，税率を30％とすれば法人税は3,600円になります。

　次にn＋1期では，n期において損金不算入となった商品評価損が遅れて損金算入されます。そこで商品評価損の計上以外，損金益金が全てn期と同じであるとすれば，法人所得は

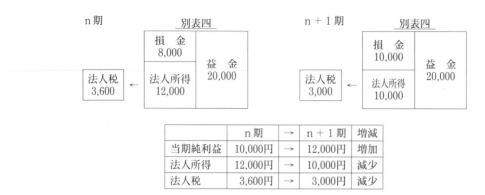

前期に比し10,000円と減少し，法人税額は3,000円になります。

　企業会計上は棚卸資産に過剰生産や建値の変更，物価変動による時価下落が生じると即座に評価損を計上しますが，税法上はこの評価損をすぐには認めません。税法上は当該棚卸資産が通常の方法では販売できない状態になって初めて評価損を計上するため，通常，企業会計上の費用（＝商品評価損）計上が先行して，法人課税上の損金計上が翌事業年度以降になることが多く，このような例示が成り立つのです。

　さて，そこでn期〜n＋1期の当期純利益と法人所得・法人税の関係をみてみましょう。既に学習したとおりですが，企業利益と法人所得の関係は，互いに正の相関があるとは限りません。当期純利益が10,000円と低いときに3,600円の法人税が課せられ，逆に当期純利益が12,000円と高いときに法人税額が3,000円と低くなっています。

　このような企業業績と納付する法人税額の間にみられる関係は，投資家・株主の判断に混乱をもたらしてきました。そこで利益が多い時にはそれに見合った多めの法人税額を，利益の少ないときにはそれに見合った少なめの法人税額を計上するように工夫するのが税効果会計制度です。税効果会計では，「法人税等調整額」という勘定科目を使って法人税額を増減させることにしています。この結果，税効果会計とは，法人税等を適切に期間配分する計算技術を習得する学習分野であるといえます。なお，法人税等の額を期間配分し，その結果，損益計算書の法人税等の額が表示上増減するからといって，実際に税務署で納付する法人税額が減らされたり，増えたりするわけではありません。

2．税効果とは

　前の例に挙げたとおり，商品の評価損についていえば，損益計算書（企業会計）における計上時期と別表四（法人課税）における計上時期の差が原因となって，企業利益と法人税額の間に対応関係が保たれない点を問題にしました。そしてそのような計上時期の差が，税引前当期純利益に見合わない法人税額を損益計算書に計上させることになっていました。このように企業会計の側からみたときに，法人税法によって算定される法人税額が税引前当期純利益に比し多く，又は少なく計上されるときに，税効果が発生しているといいます。なお，税効果は税額によって表しますので，発生した差異に対して法定実効税率を乗じて算定されます。

　税効果とは，将来（＝翌期以降）の損益計算書において計上される潜在的な法人税額をいいますが，その額が認識されるのは，現在の時点，つまり別表四→別表一を作成して納税額が確定した時点になります。また税効果といえば，一般的に税引前当期純利益が増加した将来に，その増加に伴い損益計算書に追加的に計上されるのは，過去に納付した法人税額や，将来納付する法人税額であるとイメージしてください。

3．法人税額の調整

　税引前当期純利益に見合わないような高額の法人税を納付する場合，当期の損益計算書に計上される法人税額は合理的に減らす必要があると考えるのが税効果会計です。この合理的に法人税額を減らすという調整が認められるのは，企業利益の多寡に対応したコストとしての法人税額計上を行うためです。商品評価損計上の例でいえば，3,600円の納税は済んでいるものの，損益計算書上はその納税した満額を計上せずに，それより少なく3,000円を計上しています。今回のような商品評価損の計上時期のズレによる税効果発生の場合，簿記上は税金資産を認識します。ｎ期の税効果に関する決算整理仕訳（法人税等を当事業年度の費用とせずに，翌事業年度以降に繰り延べる仕訳）と税効果会計を適用した損益計算書は次のとおりとなります。

（借）繰 延 税 金 資 産　　　　600　　　（貸）法人税等調整額　　　　600

税効果会計導入前（ｎ期）			税効果会計導入後（ｎ期）			
損 益 計 算 書			損 益 計 算 書			
収　　　　　　益	20,000		収　　　　　　益		20,000	
費　　　　　　用	10,000	→	費　　　　　　用		10,000	
税引前当期純利益	10,000		税引前当期純利益		10,000	
法　人　税　等	3,600		法　人　税　等	3,600		
当 期 純 利 益	6,400		法 人 税 等 調 整 額	△ 600	3,000	
			当 期 純 利 益		7,000	

　ｎ期の別表四では商品評価損2,000円が損金に計上されなかったために，増加した税額が600円（＝2,000円×30%）ありました。そこで同じｎ期の損益計算書では，別表四で損金不算入となって課税計算に含められなかった600円分の税金を，法人税等の額から減額しようと考えます。このように法人税等調整額によって表される金額は潜在的な法人税額であるといえ，これを税効果と呼んでいます。なお法人税等も法人税等調整額も共に簿記上費用項目ですから，貸方に法人税等調整額が現れるということは，法人税等の額を減額修正するということになります。

　さて，商品評価損の計上が２つの会計で期間的にズレても，翌事業年度になればその差異は解消されることも学習してみましょう。ｎ期では商品評価損の損金不算入で一時差異が発生しましたが，ｎ＋１期では別表四で商品評価損が損金算入されました。ｎ＋１期になるｎ期に発生した一時差異は解消され，記録された税金資産は消滅します。このようにして税効果会計導入後は，ｎ期においては10,000円の税引前当期純利益に対して表示上3,000円の法人税が計上され，また翌期には増加した12,000円の税引前当期純利益に対して表示上，こちらも調整して増加した3,600円の法人税が計上されることになります。これで企業利益が増加すれば正の相関をもって法人税

額も増加する関係になり，税効果会計の目的が達成されました。n＋1期の税効果に関する決算整理仕訳と税効果会計を適用した損益計算書は次の通りとなります。

（借）法人税等調整額　　　600　　　（貸）繰延税金資産　　　600

税効果会計導入前（n＋1期）		
損　益　計　算　書		
収　　　　　益		20,000
費　　　　　用		8,000
税引前当期純利益		12,000
法　人　税　等		3,000
当　期　純　利　益		7,000

→

税効果会計導入後（n＋1期）		
損　益　計　算　書		
収　　　　　益		20,000
費　　　　　用		8,000
税引前当期純利益		12,000
法　人　税　等	3,000	
法人税等調整額	600	3,600
当　期　純　利　益		8,400

　ところで税効果が一年たてば解消されるというのであれば，そうした税効果を認識し，法人税額を調整することにいかなる意味があるのか疑問に思う方がいるかもしれません。実際に会計ビッグバンによって税効果会計制度が導入されるまでは，財務諸表の利用者は差異の解消を待つより他ありませんでした。しかし問題なのは，このような差異を発生させる取引が多数存在し，しかも差異の解消までに複数の事業年度にまたがる現実があるということです。

　アメリカでは産業の保護育成という目的から，政策税制として加速償却がもてはやされました。加速償却は直近の法人税支払いを減少させるため，納税者に課税の繰延をもたらしますが，その税効果を一切開示しないことに対して，財務諸表利用者の不満が蓄積され，税効果会計の導入に至ったという経緯があります。

　税法規定は大変複雑で変化に富んでいますから，企業会計の会計処理と乖離することも多く，このため企業利益と法人所得の間で差異が大きくなります。そこで税効果会計制度では，このような差異について，損益計算書における法人税額の表示に工夫を凝らし，差異を縮小させています。

4．一時差異と永久差異

　法人所得と企業利益が異なるのは，損金益金と費用収益の概念に差があることが原因です。そして，そのような差異は，別表四をみれば加算項目・減算項目として列挙されています。加算欄をみてみると，「損金の額に算入した中間納付の法人税額」・「損金の額に算入した中間納付の県民税額及び市民税の額」・「損金の額に算入した県民税の利子割額」・「損金の額に算入した納税充当金」・「交際費等の損金不算入額」・「減価償却超過額」・「貸倒引当金繰入限度超過額」などとあり，減算欄には「納税充当金から支出した前期分事業税額」・「受取配当等の益金不算入」などとあります。これらの差異は，税引前当期純利益と法人所得を乖離させる原因となっています。それではこれら全てが税効果を発生させていると考えて良いのでしょうか？

（1）永久差異

　税務調整の一つ一つは，税効果を発生させる差異と発生させない差異に分かれます。たとえば「交際費等の損金不算入額」といった損金不算入項目は，明らかに法人所得と企業利益の金額的差異を発生させる税務調整ですが，翌期になればこれらの損金不算入項目が損金算入されるわけではありません。法人課税上，n 期の事業年度で損金として認めない交際費等の額は，n＋1 期以降も永久に損金として認められません。そこで交際費等の損金不算入額のように，翌事業年度以降も差異がそのまま放置され，税効果を発生しない差異を永久差異と呼んでいます。交際費等の損金不算入額のように別表四の加算項目に分類される永久差異の例として，損金に計上された法人税や住民税，寄付金の損金算入限度超過額や罰則金の損金不算入額が挙げられます。

　また減算項目では，「受取配当等の益金不算入」も永久差異の仲間です。こちらも n 期において益金不算入となりますが，その額が n＋1 期以降において益金算入されることはありません。

（2）一時差異等

　永久差異は税効果を発生させませんが，これに対して税効果を発生させる差異は一時差異等といわれます。一時差異等は，**期間帰属差異**（期間差異）と**その他の一時差異**，**繰越欠損金等**の 3 つによって構成されます。

　① 　期間差異

　税効果の認識には 2 つの方法があり，その 1 つとして企業会計における費用収益の期間帰属と課税計算における損金益金の期間帰属の差異によって期間差異を認識する**収益費用比較法**（繰延法）が挙げられます。**収益費用比較法**では，現時点の損益計算書に計上された費用収益と，別表四に計上された損金益金の差異の測定に目的がおかれます。このため税効果の算定では差異が発生する（現在の）事業年度の税率，つまり**現行税率**を用いることになります。

　期間差異が発生する例としては，減価償却費や貸倒引当金繰入額を損金経理した際の限度超過額や，有価証券・棚卸資産の評価による評価損を損金経理をした際の限度超過額，未払計上された法人税等（事業税）などが挙げられますが，これらは翌事業年度において損金算入される差異です。

　② 　その他の一時差異

　収益費用比較法では，期間差異は企業会計における費用収益の期間帰属と課税計算における損金益金の期間帰属の差異によって生ずるとしましたが，裏を返せば差異は企業会計上の資産・負債と課税上の資産・負債の差額によって生じているともいえます。**資産負債比較法**によれば，差異発生の原因となる資産・負債が将来において回収・決済されるか否かについて注目します。このため**資産負債比較法**による税効果の算定では，差異が解消する事業年度の税率，つまり**予測税率**を用いることになります。

　資産負債比較法によって税効果を認識する場合では，企業会計上と課税上の資産・負債の差額として差異が認識されるため，「その他有価証券」の評価によって生ずる差額にも資産の増減，つまり税効果を認識します。その他有価証券は，課税上は取得原価による評価がなされますが，企業会計上は時価評価するので一時差異が発生するというわけです。その他有価証券の評価差額

は純資産の部に計上され，翌期首には洗替法によって即座に振り戻されるために，再び取得原価に戻ります。なお，その他有価証券の評価による税効果は，**資産負債比較法**によってのみ認識されますが，**収益費用比較法**によっては認識されません。

その他有価証券の評価について認識される税効果の会計処理は，**全部純資産直入法**と**部分純資産直入法**という2つの方法が存在します。このうち**全部純資産直入法**では，評価損と評価益のいずれが生じても差額を純資産に計上する方法です。売買目的外の有価証券を保有している場合で計上される評価損なので，法人税等調整額の計上はありません。

全部純資産直入法	評価差益	(借) その他有価証券 ○○○	(貸) 繰延税金負債 ○○ その他有価証券評価差額金 ○○
	評価差損	(借) 繰延税金資産 ○○ その他有価証券評価差額金 ○○	(貸) その他有価証券 ○○○
部分純資産直入法	評価差益	(借) その他有価証券 ○○○	(貸) 繰延税金負債 ○○ その他有価証券評価差額金 ○○
	評価差損	(借) 繰延税金資産 ○○	(貸) 法人税等調整額 ○○

しかし**部分純資産直入法**の場合，評価損が生じる場合にのみ当期の損失として「その他有価証券評価損」を次のように損金経理しているので，法人税等を調整する必要があります。

(借) その他有価証券評価損 ○○ (貸) その他有価証券 ○○
(費用科目で損金不算入)

この場合，法人課税上は取得原価主義を採用しますので，上に掲げた評価損の会計処理によって評価損分だけ企業会計上の税引前当期純利益は法人所得に比べ，少なくなります。この結果算出される法人税額は，税引前当期純利益に対しては多すぎるので，法人税等を調整する必要があります。

全部純資産直入法では，損益計算書に計上される評価損益が無いため，法人税等を調整する必要がありません。それでは法人税等を調整するわけでもないのになぜ繰延税金資産や繰延税金負債を認識する必要があるのでしょうか？そしてこの場合の繰延税金は何を表しているのでしょうか？

実は翌期首にはこの評価差額に対して反対仕訳がおこされて，振り替えによってゼロになってしまいます。このことから評価差額がプラスに出ている場合（＝時価が取得価額を上回った場合）を一例とすると，期末に計上される繰延税金負債の意味とは，決算日直後に仮に当該その他有価証券を売却したとすれば，その売却額に対する納税額を示しているということになります。反対に評価差額がマイナスに出ている場合（＝時価が取得価額を下回った場合）は，仮に当該その他有価証券を売却したとすれば，損失が計上され，課税上も損金算入となりますが，その結果，減らせる納税額を表しているということになります。

③ 繰越欠損金等

最後に第3の差異として繰越欠損金等について学習します。この繰越欠損金は，①企業会計上

の費用収益と課税上の損金益金の間における差異によって認識される税効果でもなく，さらに②企業会計上の資産・負債と課税上の資産・負債の間における差異によって認識される税効果でもありません。

　繰越欠損金は将来の納税する法人税額を減少させるので，繰越欠損金が税効果を有することになりますが，繰越欠損金が税効果を有するのは，将来における課税所得発生の見込みがある場合に限られます。たとえば当事業年度で繰越欠損金が発生したものの，翌事業年度以降も赤字が続き課税所得がゼロになる場合は，法人税額はゼロのままですから，そのゼロの法人税額を法人税等調整額によってマイナスにする意味はありません。このため繰越欠損金が発生しても繰延税金資産を計上しない場合があります。なお，繰越欠損金等の「等」には繰越外国税額控除が含まれます。

5．将来減算一時差異と将来加算一時差異

　一時差異には**将来減算一時差異**と**将来加算一時差異**があり，それらにはそれぞれに発生の時期と消滅の時期があります。この将来減算一時差異と将来加算一時差異という用語を，それぞれ**現在加算一時差異**と**現在減算一時差異**という用語に置き換えて考えてみましょう。なお現在加算一時差異と現在減算一時差異という用語は，本書以外のテキストでは一般的な用語ではありませんので，普遍性をもつ言葉ではないということを踏まえておいてください。

（1）将来減算一時差異

　将来減算一時差異は，一時差異が解消される時点（＝将来）において，別表四における税務調整（＝減算）によって差異が解消される一時差異をいいます。したがってこの一時差異が発生した現時点では，当該差異は別表四において**加算**調整されます（＝現在加算一時差異）。将来減算一時差異の発生によって現時点で法人所得は増加しますが，将来は当該加算項目が損金算入になるので法人税額が減少することになります。この時，将来の税引前当期純利益は相対的に大きいので，その額に見合うように，差異が解消される将来において，法人税額を損益計算書末尾において表示上増加させるのが将来減算一時差異なのです。したがって将来減算の減算という文言は，別表四における税務上の専門用語である通り，このことから法人所得を減らすことを意味しているのであって，企業会計上の利益を減らすという意味ではありません。

①　損金不算入によって発生する将来減算一時差異

　棚卸資産や有価証券について，その評価を税法基準と異なる方法で行い，評価損を計上した場合，一部または全部の額について別表四で損金不算入となります。また減価償却費の償却限度額や引当金の繰入限度額を超過して損金経理した額は損金不算入となります。これらの差異は将来減算一時差異ですが，そもそもは損金不算入によって差異が発生している例です。なお，将来減算一時差異は，差異が発生する現在時点で損金不算入か益金算入することによって発生しますが，損金不算入や益金算入であれば必ず将来減算一時差異が発生するわけでもありません。同じ損金不算入でも交際費等の損金不算入は永久差異ですので，こちらは税効果を認識しません。

② 益金算入によって発生する将来減算一時差異

割賦販売の収益計上が税法基準と相違する場合を考えてみましょう。割賦販売では，税法上は商品の引き渡しが終われば販売収益があったと考えます。このため企業会計上，割賦払いによる収益計上を行っていた場合は，その会計処理を税務上調整して，通常の商品売買同様，引渡時に全額収益計上を行ったとします。その結果，差異発生時点では別表四で益金算入し，この差異が解消される将来時点では，企業会計上収益が計上されることになります。したがって将来の収益計上時点で課税上は益金不算入を行います（＝将来減算一時差異）。そこでこのような将来減算一時差異は，差異発生時点の益金算入によって引き起こされている例といえます。

③ 繰延税金資産計上の仕訳

このように将来減算一時差異の差異発生年度に納付する法人税額は，会計利益に見合わない程度に増えているので，その分，損益計算書の納税額を法人税等調整額を用いて減額せねばなりません。しかし減額調整するといっても，実際に税務署に納税する法人税額が減るわけではなく，損益計算書に示された法人税等の額が，表示上調整されて減らされるだけの話です。将来減算一時差異が発生した事業年度の仕訳を下に示します。法人税等と法人税等調整額はともに費用項目となりますので，貸方側に法人税等調整額が現れているということは，費用のマイナスを意味しています。また将来，差異が解消する年度では反対仕訳をおこすことになります。

（借）繰延税金資産　　○○　　　　（貸）法人税等調整額　　○○

（2）将来加算一時差異

将来加算一時差異は，一時差異が解消される時点（＝将来）において，別表四における税務調整（＝加算）によって差異が解消される一時差異をいいます。したがってこの一時差異が発生した現時点では，当該差異は別表四において**減算調整**されています（**現在減算一時差異**）。将来加算一時差異の発生によって，現在時点の法人所得は減少します。この通り，差異が発生した現在の納付法人税額は減算調整によって減りますが，差異が解消する将来時点では当該減算項目が別表四で加算されることで法人税額が増加します。この時，将来の税引前当期純利益は相対的に小さいので，その額に見合うように，差異が解消される将来において，法人税額を損益計算書末尾において表示上減少させるのが将来加算一時差異なのです。

① 益金不算入によって発生する将来加算一時差異

請負工事について，収益計上が税法基準と異なる方法で行われている場合を考えてみましょう。税法上は請負工事は，完成引渡基準や工事完成基準を原則としているために，請負工事の収益計上は企業会計のそれに比し遅れることになります。このことから一時差異が発生し，税効果を認識しなければなりません。企業会計において工事進行基準を採用している場合に，見越し計上した収益を別表四で税務調整する必要があります。引渡時（差異解消時）に全額収益計上を行ったとするために差異発生時点では益金不算入とするのです。そしてこの差異が解消される将来時点では，別表四で益金算入となるのです。このことからわかるように，現在（差異発生時点）での収益計上に対し課税は行われないのですが，将来（差異解消時点）で益金算入となり，課税が繰

り延べられます（将来加算一時差異）。このような将来加算一時差異は，差異発生時点の益金不算
入によって引き起こされている例といえます。なお将来加算一時差異は，現在時点で益金不算入
か損金算入することによって発生しますが，益金不算入か損金算入であれば必ず将来加算一時差
異が発生するわけではありません。同じ益金不算入でも，受取配当等の益金不算入は永久差異で
すので，こちらは税効果を認識しない差異発生です。

② 損金算入によって発生する将来加算一時差異

今度は**現在**時点で損金算入（**減算**）することで発生する一時差異（将来加算一時差異）の発生を
圧縮記帳を例に考えてみましょう。たとえば国庫補助金を得て償却資産を購入した場合に，法人
税法上は国庫補助金相当額について益金を計上する一方で償却資産の圧縮損として損金算入を可
能としています。圧縮損の計上は企業会計上で費用として計上されずに，課税上の損金になって
いるため，差異発生時点の納付法人税額が少なくなってお得な話だと思われがちですが，実は違
います。圧縮記帳によって税務上は償却資産の価額が減少しますから，それを受けて課税上の減
価償却費は企業会計上のそれに比し少なくなります。つまり**将来**の償却期間一杯，減価償却費が
損金不算入（**加算**）となり，**一時差異**を発生し続けます。このように各事業年度における課税上
と企業会計上の減価償却費は異なりますが，償却期間が終了してみれば，最終的に償却された金
額は企業会計上も法人課税上も同じ額となります。そのことを表したのが下の式です。

$$圧縮損＋税務上の減価償却合計＝企業会計上の減価償却合計$$

③ 繰延税金負債計上の仕訳

圧縮記帳には先の説明による通り課税の繰り延べの効果があります。この課税の繰延効果です
が，税効果会計では差異発生時点（圧縮損計上時点）において，将来の複数事業年度に渡って，
損益計算書に計上される法人税等の額について，増加を認識します。これに対応するため，圧縮
損を計上した差異発生時点で，将来発生する納税義務を繰延税新負債として，次のように仕訳し
ます。

（借）法人税等調整額　　○○　　　（貸）繰延税金負債　　○○

この仕訳は圧縮損を計上したことで将来加算一時差異が発生することを表しており，貸方に繰
延税金負債（納税義務）を認識します。逆に借方に現れる法人税等調整額について説明してみる
と次のようになります。つまり，当事業年度において計上される圧縮損について，課税上損金算
入されているに過ぎないので，相対的に税引前純利益が大きく算定されて，それに対する法人税
額が相対的に少なく計算されます。この少ない法人税等を増額修正するために法人税等調整額は
法人税等にプラスする必要があり，法人税等調整額が借方に現れているのです。なお，将来，差
異が解消する年度では反対仕訳をおこすことになりますが，圧縮記帳では，各事業年度の減価償
却費の計上毎に圧縮損計上によって発生した繰延税金負債が減額し，差異が解消してゆくと考え
ます。なお，圧縮損計上という損金算入のみならず，工事進行基準による益金不算入をした場合
も同じ考え方で会計処理します。

（借）繰延税金負債　　○○　　　　（貸）法人税等調整額　　○○

6．税率とその変更

　税効果は一時差異等に税率を掛けて算定されますが，税制改正により税率が変化した場合，差異発生時点の税率と差異解消時点の税率が異なります。この時，差異発生時点の税率を現行税率と呼び，解消時点の税率を予測税率とも呼びます。

　また先に収益費用比較法と資産負債比較法による税効果の計量を学習しましたが，いずれの立場を採用するのかによって，現行税率を用いるのか予測税率を用いるのか分かれます。現行税率を採用する収益費用比較法では，収益と費用の確定する時点の税率＝現行税率を採用するので，将来的な税率変更が起きても税効果額の修正は行いません。収益と益金，費用と損金の差が確定した時点の税効果が算定されると，以後はその税効果額は変動しないと考えるのです。これに対して資産負債比較法では，将来時点における法人税額の増減を資産と負債によって見積計上しているため，税効果額は確定していないと考えます。したがってこの場合の税効果は，発生時点の税率が将来的に変動しないという仮定の下で算出されたに過ぎません。このため税率不変という仮定が崩れた場合は，税効果額の再計算をしなければなりません。

　なお，税率は単に法人税率のみならず法人事業税・法人住民税を加味した実効税率を用います。それは法人事業税が，付加価値割と資本割という外形標準と法人税を算定する際と同様に所得に対して課税する所得割があるためで，そのうち所得割を加味することになるからです。これと同様に法人住民税も均等割と法人税割がありますが，前者は資本等の多寡によって課税されるいわゆる外形課税ですが，後者は法人税額によって算定されるので，法人税の付加税としての性格を有します。このように実質的に法人所得に対して課税される税目が，法人税のみならず法人事業税と法人住民税にまで広がるため，税効果の計算では下のような実効税率を用いることになります。なお，事業税率には地方法人特別税が含まれます。

$$実効税率 ＝ \frac{法人税率 \times （1＋住民税率）＋ 事業税率}{1＋事業税率}$$

設例7－2

　次の資料は，開業第1期と続く第2期の別表四である。第1期から第2期に移行する間に税率が変更し，第1期が35％，第2期が40％となった。このときの第1期と第2期の法人税等調整額を計算しなさい。なお第2期における税率の変更は第1期においては公布されていないものとして考えること。また単位は千円とする。

【資料】

		第1期	第2期
	税引前当期純利益	3,400	4,450
加算	減価償却の償却超過額	200	300
	役員給与の損金不算入額	225	275
	賞与引当金損金不算入額	150	200
	交際費の損金不算入額		300
	棚卸商品評価損の損金不算入額	100	
	退職給付引当金の損金不算入額	550	800
	加算計	1,225	1,875
減算	賞与引当金繰入超過額認容		150
	棚卸評価損認容		50
	受取配当等の益金不算入	175	100
	減算計	175	300
	課税所得	4,450	6,025

【解説】

　第1期の将来減算一時差異（＝現在加算一時差異）は1,000千円（＝200千円＋150千円＋100千円＋550千円）で，将来加算一時差異（現在減算一時差異）は0千円なので，税効果は350千円（＝1,000千円×35％）。

（借）繰延税金資産　350千円　　　（貸）法人税等調整額　350千円

　第2期で税率が変更したので，第1期に資産計上した繰延税金について修正する。修正額：50千円（＝1,000千円×40％－350千円）〜①

　また第2期において発生した繰延税金は，将来減算一時差異（＝現在加算一時差異）は1,300千円（＝300千円＋200千円＋800千円）で，将来加算一時差異（現在減算一時差異）は200千円（＝150千円＋50千円）なので，税効果は440千円（＝1,100千円×40％）。〜②

　結果的に①＋②＝490千円が第2期において新たに繰延税金となった金額である。したがって第2期の仕訳は次のとおり。

（借）繰延税金資産　490千円　　　（貸）法人税等調整額　490千円

7．流動固定の区分と相殺表示

　わが国においては繰延税金は，「資産・負債の分類に基づいて，繰延税金資産については流動資産又は投資その他の資産として，繰延税金負債については流動又は固定負債として表示しなければならない」とあります（税効果会計基準，第三・1）。また相殺表示については，流動・固定の各項目毎に繰延税金を相殺し，純額表示する方法が採用されています。

　ここで減価償却を例に繰延税金資産が発生し，消滅していく過程で，流動固定の区分表示を考えてみましょう。償却方法や耐用年数が企業会計上と法人税法上の会計処理が異なり，かつ，会計上の減価償却費が法人税法上の減価償却費の限度額を上回る場合に繰延税金資産が発生します。

　減価償却は複数年にまたがりますから，それによって発生する繰延税金の会計処理も複数年に及びます。法人税法上の耐用年数が，企業会計上のそれより長いとすれば，企業会計上の減価償却費が毎期法人税法上のそれよりも多いため，繰延税金資産は年々増加してゆきます。このとき

130

計上される繰延税金資産は固定項目となります。なぜならその繰延税金が消滅し始めるのは，企業会計上の減価償却が終わった翌期以降になるからです。この仕組みを理解するために下の例題を解いてみましょう。

設例 7 − 3

　当期首に取得し，事業の用に供した備品80,000円について減価償却を行っている。企業会計上の耐用年数は 5 年であるが，法人課税上は 8 年であり，償却方法は共に定額法を用いている。このとき，差異が発生し始めるn期と差異が解消し始める n + 5 期の繰延税金について仕訳を示しなさい。なお，残存価額はゼロとする。

【解説】

　設例の場合，企業会計上の減価償却は 5 年で終了しますが，法人課税上は 3 年多い 8 年かかります。企業会計上も法人課税上も減価償却費を計上してゆきますが，その金額に6,000円／年の差がありますので， 5 年目までは減価償却累計額の差は大きくなる一方です。 1 年目のn期の仕訳は次の通りとなり，同じ仕訳が 5 年目まで続きます。

［n期］

　　　　　　　（借）繰 延 税 金 資 産　　2,400　　（貸）法人税等調整額　　2,400※

　　　　　　　　　　　　　※（80,000円÷ 5 年−80,000円÷ 8 年＝6,000円）×40％＝2,400円／年

　企業会計上の減価償却はn + 4 期の 5 年目で完了し，この時点で企業会計上の減価償却累計額は80,000円となり，税務上の減価償却累計額との差額が最も大きくなります。n + 5 期である 6 年目以降は企業会計上の償却が終わっていますから，損益計算書に計上する減価償却費はゼロです。他方， 6 年目〜 8 年目の 3 年間は法人課税上の減価償却はまだ行われています。この最後の 3 年間で，企業会計上の減価償却累計額に，法人課税上の減価償却累計額が追いついてゆきます。その関係を表したのが下の図です。

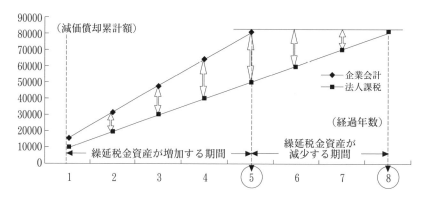

　6 年目〜 8 年目の 3 年間で，これまで計上してきた繰延税金資産を毎期10,000円づつ食いつぶしてゆきます。したがって 6 年目のn + 5 期の仕訳は次のとおりとなります。

［n + 5］

　　　　　　　（借）法人税等調整額　　10,000　　（貸）繰 延 税 金 資 産　　10,000※

　　　　　　　　　　　　　　　　　　　　　　　※80,000円÷ 8 年＝10,000円／年

　貸借対照表上，固定の区分として記載される繰延税金は，償却資産にかかるもののほか，長期貸付金にかかる貸倒引当金のうち損金不算入となる額や，その他有価証券の評価差額などが挙げられます。

　なお，流動項目となる繰延税金が発生する例として，1 年以内に解消する一時差異等に係る繰延税金に関するもののほか，①割賦販売において企業会計上回収基準で処理し，法人課税上は販売基準となるとき，②売上債権にかかる貸倒引当金のうち損金不算入額の発生，③商品評価損における損金不算入額の発生などの営業循環内にあるものは流動項目となります。

　また，未払法人税等と繰延税金負債を共に納税に関する負債科目として一括表示する方法もあるように聞きますが，前者は現行税率を用いて算定した納税の確定額であり，後者は資産負債比較法を採用した場合は予定税率を用いて算定した繰延税金の見積額になります。このような不整合から，未払法人税等と繰延税金負債を一括表示することは合理性が無いといえます。

■ 注 ■

（1）武田隆二『法人税法精説』森山書店，p.97，2005年
（2）中島茂幸稿「法人税法の公正処理基準と企業会計」『會計』第152巻第 2 号，p.76
（3）中島茂幸稿「法人税法の公正処理基準と企業会計」『會計』第152巻第 2 号，p.77.1997年，8 月号
（4）新設法人は前年度の所得がないため予定申告の義務がありません。このため中間納付は仮決算を行うことによる中間申告のみとなりますが，仮決算を行うか否かは任意です。また法人がその定款等に定める営業年度等を変更した場合には，遅滞なくその変更前の営業年度等を納税地の所轄税務署長に届け出なければなりません。定款等において新たに営業年度等を定めた場合も同じです（法法15）。

◆ 参考文献 ◆

中島茂幸・櫻田譲編著『Newベーシック税務会計＜企業課税編＞』五絃舎，2020年

第8章　連結会計

第1節　連結財務諸表とは

1．連結財務諸表の重要性

　現代の企業は親会社とその支配下にある子会社という形で企業集団を形成し，その中で経済活動を営んでいる場合が多いです。これら企業集団を構成する個々の会社は，法律上はそれぞれ別個の実体であるが，実質的には支配従属関係を通じて1つの組織体として考えることができます。そのためこのような場合には，企業集団を構成する全部の会社を1つの会計単位として取り扱い，集団全体としての財務諸表を作成することが経済的な事実に合致しています。

　法律上の個々の会社を会計単位とする財務諸表を**個別財務諸表**というのに対し，企業集団を構成する個々の企業の個別財務諸表を総合して作成される財務諸表を**連結財務諸表**といいます。連結財務諸表は，個別財務諸表からは得られないような集団全体に関する情報を含んでおり，投資者の意思決定にとって不可欠な情報です。そこで金融商品取引法は，上場会社など，この法律の適用を受ける親会社に対して，連結財務諸表を作成し，有価証券報告書に含めて投資者に公開することを義務付けています。法人税法上は企業が連結納税制度を選択できます。連結納税は，課税所得や納税額の計算を，個別企業ごとではなく企業集団として実施する制度であるが，わが国の場合，連結納税の企業集団に含めることができるのは100%支配の子会社だけである点に注意が必要です。

2．企業集団を構成する会社

　親会社の支配や重要な影響を受けいていると判断され，連結財務諸表へと統合されていく企業には，子会社および関連会社があります。**子会社**とは，親会社がその会社の株主総会や取締役会などの意思決定機関を支配しているような会社をいいます。ある会社が子会社に該当するか否かを判断する基準は支配力基準が採用されています。**支配力基準**は，親会社が株式の過半数を所有している場合はもちろん，たとえ株式の所有が過半数に達していなくても，財務や経営の方針を実質的に支配していれば，その会社もまた子会社に該当すると見る基準です。たとえば①親会社との密接な関係により，親会社の議決権行使に同調してくれる協力的な株主が存在し，合算すれば議決権の過半数に到達する場合です。また②親会社から派遣した役員が取締役会の過半数を占めていたり，他の会社の財務や営業の方針を決定づけるような契約が存在すれば，事実として親会社の支配が及ぶことになります。子会社に対しては原則として連結の手続きが適用されます。

　他方，**関連会社**とは，親会社が単独で，他の会社の財務および営業の方針に対して重要な影響を与えることができる場合の，相手会社を言います。関連会社の資産・負債には親会社の支配が及ばないため，関連会社の財務諸表が親会社の財務諸表と合算されることはなく，持分法という会計処理が適用されます。これは関連会社の獲得した利益のうち，親会社の持株比率に見合う額だけを，企業集団の利益としてみなして連結財務諸表に含める方法です。

第2節　連結貸借対照表

　連結貸借対照表は，企業集団全体としてみた場合の資金調達の源泉と，調達された資金が各種の資産に投下されている実態を対比して示すことにより，企業集団の財政状態を表す書面です。この連結貸借対照表は，親会社と連結子会社の個別貸借対照表を基礎として，同じ項目同士の金額を合算するとともに，集団内部での取引から生じている項目を相殺消去して作成します。

　親会社と子会社を別々に考える場合は，資産・負債・資本の項目であっても，親会社と子会社を一括して考えた場合には，企業集団内部での財貨や資金の単なる振替によって生じた項目に過ぎず，資産・負債・資本とは認められないものがあります。そのような項目は，連結決算の過程で相殺消去します。

　相殺消去が必要な項目には，次の2つがあります。第1は親会社と子会社の間の**債権と債務の相殺消去**です。たとえば親会社の子会社に対する売掛金（子会社の親会社に対する買掛金）は，企業集団が外部の第三者に対して売上代金の支払を要求できる権利を表したものではないため，企業集団にとっての資産には該当しません。第2は親会社から子会社への出資に関連するものです。親会社の貸借対照表には子会社への出資額が子会社株式として固定資産の区分に記載されています。他方，子会社では親会社からの出資額を，親会社以外の株主からの出資額と合算のうえ，株主資本として記載しています。この親会社からの出資額は，企業集団内部での資金の振替によって生じたものであるため，親会社の貸借対照表に記載された子会社株式と相殺消去しなければなりません。この作業を，**投資と資本の相殺消去**といいます。投資が資本を上回る場合，その差額は**のれん**とします。これは超過収益力をもつ子会社の支配に要した金額を示します。逆に投資が資本を下回る場合は，特別利益として処理します。また子会社の親会社以外の株主からの出資は**非支配株主持分**と呼ばれます。連結財務諸表は親会社の立場から作成されますが，非支配株主持分は親会社以外から提供された資金額を示すため，自己資本には該当しません。しかし返済を要しないため負債でもありません。このため非支配株主持分は純資産の部で株主資本とは区分して表示します。

設例8－1

　親会社であるP社は，×1年12月31日に，子会社であるS社の株式100%を120,000円で取得した（両社とも12月31日を決算日とし，会計期間は1年である）。

　×1年12月31日のP社，S社の貸借対照表は次のとおりである。支配獲得日における連結修正仕訳を示しなさい。

	P社貸借対照表			S社貸借対照表	
S社株式	120,000	資本金	260,000	資本金	70,000
		利益剰余金	40,000	利益剰余金	30,000

【解答】

（借）資本金　　　70,000　　　（貸）S社株式　　120,000
　　　利益剰余金　30,000
　　　のれん　　　20,000

第3節　連結損益計算書

　連結損益計算書は，企業集団全体が1年間の活動により，どのような源泉からいくらの純利益を獲得したかを示す書面です。連結損益計算書は，親会社と連結子会社の個別損益計算書を基礎として，同じ項目同士の金額を合算するとともに，集団内部での取引から生じている項目を相殺消去して作成します。連結損益計算書を作成する場合にも，企業集団内部での財貨や資金の単なる振替によって生じたに過ぎない項目や金額は，連結決算の過程で相殺消去しなければなりません。

　そのような相殺消去が必要な項目には次の2つがあります。第1は親会社と子会社の間の**内部取引の相殺消去**です。第2は期末在庫などに含まれる**未実現利益の消去**で，親会社から子会社へ販売した商品がまだ子会社に残っていてその商品に利益が付加されている場合には，この利益を消去しなければなりません。

　このようにして作成する連結損益計算書には次のような連結決算の項目が登場します。①非支配株主利益と②連結上ののれん償却額です。①の**非支配株主利益**は，子会社が獲得した利益のうち，非支配株主に帰属する部分です。連結損益計算書は，親会社と子会社の損益計算書を同じ項目同士を合算して作成するため，当期純利益も合算されます。しかし子会社の当期純利益の中に非支配株主に帰属し，親会社の利益にならない部分があります。そのため企業集団全体の当期純利益から「非支配株主に帰属する当期純利益」を控除した残額が，「親会社株主に帰属する当期純利益」になります。②の**のれん償却額**は，連結貸借対照表の作成に際して生じたのれんの当期分の償却額であり，会社の合併時には同じ項目が個別損益計算書にも登場します。

設例 8 − 2

　次の取引に基づき，期末に必要な連結修正仕訳をしなさい。
　P社は外部から1,000,000円で仕入れた商品に200,000円の利益を上乗せし，S社に1,200,000円で販売した。当該商品はS社において期末在庫になっている。

【解答】

（借）売　　　　上　　1,200,000　　　（貸）売　上　原　価　1,200,000

　　　　売　上　原　価　　200,000　　　　　　商　　　品　　200,000

設例8－3

　親会社であるP社は，×1年12月31日に，子会社であるS社の株式80%を180,000円で取得した（P社，S社とも12月31日を決算日とし，会計期間は1年間である）。

　S社の当期純利益は30,000円であった。連結第1年度（×2年12月31日）において必要な子会社当期純損益の非支配株主への振替の仕訳をしなさい。

【解答】

　（借）非支配株主に帰属する当期純損益　6,000　　（貸）非支配株主持分当期変動額　6,000

第4節　連結株主資本等変動計算書

　連結株主資本等変動計算書は，連結貸借対照表の純資産の部を構成する項目について，期首残高から期中の増減を経て期末残高に至るプロセスを表示するために作成する書面です。企業別の計算書と連結での計算書の相違点は次の3つです。企業別計算書では，株主資本，評価・換算差額等が「その他の包括利益累計額」という項目で記載されること，②連結では第4の大区分として「非支配株主持分」という区分が設けられること，③連結財務諸表は通常は配当制限には用いないため，資本剰余金と利益剰余金について，その詳細な内訳区分が必要とされないことです。

　連結株主資本等変動計算書の作成に際して重要な考慮事項は，子会社が支払った配当金についてです。子会社による配当金の支払いは，子会社の利益剰余金を減少させるので，非支配株主持分の評価を低下させる要因となります。またその配当金の多くは，株主である親会社に分配されて受取配当金として記録されています。しかしこれは企業集団の内部での金銭の振替に過ぎないから，相殺消去しなければなりません。

第5節　会社の合併

　これまで概観した連結財務諸表は，法律上は別々の会社として独立している親会社と子会社を，その経済的実態からみて1つの集団とみなして作成します。これとは別に，ある会社が別の会社を自己の内部に取り込んで，法律上も1つの会社になってしまうような場合があります。その典型例が**会社の合併**です。

　ある会社が別の会社を買収して1つの会社になる取引の会計処理はパーチェス法を用います。具体的には合併により株主が支配を失う側の会社（被取得企業）の資産と負債は，時価で評価して，他方の会社（取得企業）に引き継がれます。その取得原価としては，引き継がれた純資産の時価と，引き渡した支払い対価のうち，より高い信頼性をもって測定できる方が採用されます。そのため上場企業が自社株を対価とする合併では，その株価に基づく金額が取得原価となります。

引き継いだ純資産の時価よりも，その取得原価が大きければ，その差額は被取得企業の超過収益力に対して対価が支払われたことを意味するため，これをのれんとして資産計上します。逆に引き継いだ純資産額より支払った対価が少なければ，割安での取得と考えて，差額は特別利益に計上されます。

設例 8 － 4

次の取引を仕訳しなさい。

長万部株式会社は，野田株式会社を吸収合併することにし，株式（1株当たりの発行価額60,000円）70株を野田株式会社の株主に交付し，全額を資本金に組み入れた。諸資産・負債の引継ぎは，次の貸借対照表の金額による。

貸借対照表
X1年 1 月31日

当座預金	200,000	買掛金	1,600,000
売掛金	1,800,000	借入金	2,000,000
商品	2,400,000	資本金	1,000,000
備品	3,000,000	資本準備金	100,000
		利益準備金	200,000
		その他利益剰余金	2,500,000
	7,400,000		7,400,000

【解答】

（借）	当座預金	200,000	（貸）	買　掛　金	1,600,000
	売　掛　金	1,800,000		借　入　金	2,000,000
	商　　　品	2,400,000		資　本　金	4,200,000
	備　　　品	3,000,000			
	の　れ　ん	400,000			

―――― 練 習 問 題 ――――

問題 8 － 1

「投資と資本の相殺消去」について説明しなさい。

問題 8 － 2

連結財務諸表に特有の項目で，個別財務諸表では記載されることがない項目を挙げて，それぞれの内容を説明しなさい。

◆ 参考文献 ◆

［1］桜井久勝『財務会計講義』中央経済社，2020年。
［2］桜井久勝・須田一幸『財務会計・入門』有斐閣，2018年。

第9章　財務諸表分析

第1節　財務諸表の役割と財務諸表分析の方法

1．財務諸表分析とは

　これまでの章で説明したように，財務諸表は企業活動を外部利害関係者に貸借対照表と損益計算書，キャッシュ・フロー計算書などの形で開示したものです。つまり，企業活動を数値情報（金額）として表示するためのものといえます。この財務諸表の数字を用いて，財務諸表を分析することを財務諸表分析といいます。財務諸表論は，主に企業の財務諸表作成のための理論になりますが，財務諸表分析はその財務諸表から企業の良否を判断するものです。

　財務諸表分析よりも広い概念として経営分析がありますが，これは経営者や株主，投資家，金融機関，取引先などさまざまな利害関係者（ステークホルダー）が，企業の経営状況を分析し，評価することをいいます。この経営分析は定性的分析と定量的分析に区分されますが，財務諸表分析は定量的分析に区分されます。

定性的分析：経営者の資質や人脈，社風など定量化できないものを分析
定量的分析：財務諸表を中心とした財務関連データによる分析

　定量的分析は，財務諸表が公開されている場合は数字の入手が容易なため広く使われています。定性分析も重要ですが数字のデータとして表すことが出来ないという問題があり，数値を使った説得力に欠けるため，定量的分析と結びつけて分析することもあります。

2．財務諸表分析の分析手法

　財務諸表分析の分析手法は，どの観点から分析するかによりさまざまな手法があります。ここでは代表的なものを紹介します。

（1）分析主体

　財務諸表分析は，誰が分析するかによって内部分析と外部分析に分類できます。内部分析は，企業内部の経営者や管理者が企業活動の現状を把握するために行うものです。これにより，問題点の改善や将来への計画立案の資料にします。一方，外部分析は企業外部の利害関係者が企業実態を分析するためにそれぞれの立場や考え方によって行うものになります。そのため，どの立場

から行い，どのような情報を得たいのかが重要になります。

（2）分析目的

　財務諸表分析は，その目的を何にするかで分類されます。財務諸表分析によって確認すべき目的を明確にしなければ，財務諸表分析を適切に行うことが出来ません。そのため，財務諸表分析は確認目的別に分類されます。分類もいくつかの考えがありますが，ここでは5つに分類して説明します。

　収益性分析は，どの程度の儲けがあったのかという指標の分析になります。儲けですので，利益の程度を表します。儲けは多くの利害関係者が重視する項目ですので，最も重要といわれます。安全性分析は，債権回収可能性，つまり倒産に対してどの程度安全かを判断する分析になります。そのため金融機関の融資の際に重視されてきた面があります。効率性分析は，活動性ともいい，資産の使用効率を分析するものになります。売上に対してどの程度効率的に資産を使っているかを表します。生産性分析は，インプットに対するアウトプットの生産性の分析をします。経営資源の投入に対するアウトプットを分析するものになります。成長性分析は，売上や利益が時間の経過によって，どのように伸びているのかを分析します。成長性は株主など投資家が重視する傾向にあります。

（3）分析方法

　財務諸表分析は，財務諸表などの2つ以上の数字をもって分析します。

①　同一の企業における期間比較（時系列分析）

　時系列分析は，比較対象を同一時点の同一企業の過去の数値とする方法です。同一企業であるため，対象企業がどのように変化したか把握することが出来ます。ただし，景気変動や産業構造の変化など，過去の数値の状況と現在の企業を取り巻く環境変化に影響を受けるため，それらを考慮に入れながら分析する必要があります。

②　特定の同業他社との比較（企業間比較分析，クロスセクション分析）

　企業間比較分析は，比較対象を他の企業の数値とする方法です。同一時点であるため，景気変動などの環境変化は同様と考えられます。ただし，同業他社でも複数のセグメントをもつ場合などでは環境変化の影響度合いが異なることや，会計処理方法の違いなどに影響を受けるため，それらを考慮に入れて分析する必要があります。

③　目標値や理論値との比較（比較分析）

　比較分析は，比較対象を目標値や理論的と思われる数値とする方法です。分析対象の企業が，目標値や理論値とどの程度の数値の差異があるかを把握することになります。また，目標値を設定することで多くの企業の中から，スクリーニングをかける事なども可能になります。

3．財務諸表分析の進め方

　財務諸表分析の進め方は次のとおりに行います。

```
①　何を分析するのか検討と分析対象に合った指標の選定
②　指標の計算
③　算出した指標の検討
④　問題点・原因の把握
⑤　改善点の検討
```

　財務諸表分析では上記のような進め方が一般的です。財務諸表分析で最初に重要となるのは，いったい何をするために分析をするのかという事です。企業の稼ぐ力がどの程度なのか（収益性），投資したときに資金回収出来るのか（安全性）など企業のどのような点を分析したいのかを検討して，分析を進めていくことになります。その他に，最初に経営上の問題点や不振の原因を見込んで，それを裏付けるために分析をする方法などもあります。

4．財務諸表分析の限界と注意点

①　制度会計には含まれない

　財務諸表分析で注意して欲しいのは，これまでの章とは異なり，財務諸表分析は「制度」として存在していないという事です。このため明確なルールが無く，明確な決まりというものが存在していません。

　この章では著名な研究者や書籍で紹介されているものや，実務上広く使われて一般的となっている財務分析手法を中心に紹介しています。しかし，同じ名称でも（たとえば後ほど紹介する付加価値など）計算方法が異なったりすることは多くあります。このように，計算方法が違っても必ずしも間違いという事ではありません。さらに指標自体もある時代では広く使われていても，時代の変遷とともに使われなくなることや，有用性が低いとして忘れ去られてしまうもの，新たに使われるものもあります。

　財務諸表分析の検定や試験などでは公式テキストなどで計算式が明示され，1つだけ紹介されることが多いため，異なる計算式が出てくると間違っていると思いがちです。この章でも複数の計算式があるものも紹介していますがすべては紹介しきれません。今後みなさんは自分が知っているものと異なる計算式を見つけたら，それを間違っていると思わずに，目的は同じでもどのような計算過程の違いがあるのか調べてみるのもいいでしょう。そのためにも，財務諸表分析を勉強するときは式の意味を理解しながら学習してください。

② 会計処理の多様化

財務諸表の作成では，減価償却費などについて複数の会計処理が認められているため，企業ごとの会計処理方法により財務諸表上の数値に差異が生じることがあります。さらに昨今はさまざまな会計基準（日本基準，米国基準，国際基準）が上場企業の開示に認められ，同じ経済活動だとしても，財務諸表上の数値や名称が異なる場合があります。そのため同じ名称や数値でも，異なる経済活動によって導き出される場合があります。

③ 過去情報の分析である

財務諸表分析は，過去に公表された財務諸表上の数値を中心として行われるため，現在の企業の状態のみならず，経済状態や景気変動なども反映することができません。これは財務諸表の課題と同じですが，改めて注意をしてください。

④ 定性的情報は判断できない

社風，組織力，従業員の質などは企業の経営に大きく影響しますが，財務諸表分析は財務諸表上の数字に基づいて行われるため，これらの影響を判断することが出来ません。また，研究開発力，トップマネジメント，労使関係などの定性的なものを定量化する手法は定着していないため，考慮できません。そのため，直接判断することが出来ない研究開発力を研究開発費などから推察するなど，定量的な情報と定性的な情報を組み合わせていくことが重要となります。

第2節　収益性分析

1．収益性分析とは

収益性分析とは，企業の儲ける力である収益力を分析するものです。ただし，収益力といっても会計上の収益そのものではなく，「収益－費用」で計算される利益を基準に分析を行うため，利益獲得能力を分析するものといえます。企業は営利を目的とし，投資家などの利害関係者も利益から投資のリターンを受け取るため，収益性は最も重要な指標といえます。

ここでポイントとなるのは何が利益を生み出しているかという，利益の源泉を何ととらえるかということです。会計的に考えると利益は損益計算書上で計算される事になりますが，財務諸表分析では利益の源泉は何であるかと考える事からさまざまな見方が出来ます。そこで，どのような源泉から利益を生み出しているかを分析することになります。具体的には分母に利益を生み出した源泉を用い，分子に利益を用いることによって利益の源泉から利益をどの程度効率的に生み出したか分析します（図表9－1）。

図表9－1　利益率の計算式

$$利益率＝\frac{利益}{利益を生み出した源泉}$$

２．資本による分析

（1）資本利益率

　資本利益率とは，投下された資本から一定期間に生み出した利益の割合を表すものです。投下した資本を利益の源泉と考え，そこからどの程度の利益を生み出したか分析するものになるため，高いほうが望ましい指標です。企業は投下資本に対して利益を最大化することを目標とするため，財務諸表分析では最も重要な指標の一つです。資本利益率は，分母に利益を生み出した資産を使い，分子に生み出された利益を用います。

　資本利益率はこのように表されますが，分母は一定時点（期首または期末）のストック項目であり，分子は一定期間（会計期間）のフロー項目となっています。そのため，分母の資本には期中平均値である「（期首の資本＋期末の資本）÷２」を用います。これにより疑似的にストック項目をフロー項目に近づけることが出来るからです。ただし，期中平均値が入手できない場合や，期首と期末で大きな変動が無い場合は簡易的に期末の数字だけで算定する場合もあります。財務諸表分析ではこのようにストック項目とフロー項目で分析する場合にはストック項目をフロー項目に近づけるために期中平均値を使います。

　資本利益利率は，企業の総合的な収益性を判断する指標ですが，分解することにより詳細に解析することが出来ます。資本利益率の算定式に売上高を加えることにより，売上高利益率（利益／売上高），資本回転率（売上高／資本）と分解することができ，それぞれ収益性の指標と効率性の指標になります（図表9－2）。この様に分解すると，総資本をどの程度効率的に使って売上高を生み出しているのかという点とその売上高からどの程度の利益が生み出されているのか（どの程度の費用が差し引かれているのか）がわかります。

図表 9 － 2　資本利益率の分解

$$\text{資本利益率（\%）} = \frac{\text{利益}}{\text{資本}} = \frac{\text{利益}}{\text{売上高}} \times \frac{\text{売上高}}{\text{資本}} = \underset{\text{（収益性の指標）}}{\text{売上高利益率}} \times \underset{\text{（効率性の指標）}}{\text{資本回転率}}$$

（2）資本と利益の種類

　資本利益率は分母の資本に何を用いるか，分子の利益に何を用いるかでいくつかの分類が出来ます。資本の分類として代表的なものは資本の調達方法によるものです。企業が使用する資本は調達方法により自己資本と他人資本からなります。自己資本とは，株主が出資した資本とそれを用いて過去に獲得した返済不要の資本です。これに対し他人資本は，企業外部から調達した返済義務のある資本です。利益の分類としては，利益は損益計算書上で表示される営業利益，経常利益，当期純利益などが代表的なものですが，収益性分析では後述する事業利益も使用します。

　資本と利益の組み合わせになるため，多くの組み合わせが出来ます。その中でも合理的といわれている組み合わせがあります。合理的といわれているのは総資本—事業利益（経常利益），自己資本—当期純利益の組み合わせです。

（3）総資本利益率（ROA）

　総資本利益率（Return on Assets：ROA）とは，総資本に対する利益の割合で，企業の総合的な収益性を表すものといえます。利益を総資本で割ることで計算した比率になります（図表9-3）。総資本とは，企業が使用しているすべての資本をいいます。総資本と総資産は企業資金の調達サイドから見るか，使用サイドから見るかの違いはありますが，同じ値のため総資産利益率と呼ばれることもあります（図表9-4）。

図表9-3　総資本利益率の計算式

$$総資本利益率（\%）= \frac{利\;益}{総資本} \times 100$$

図表9-4　資本と資産の分類

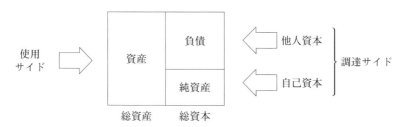

　総資本利益率は分子の利益の値にどの利益を採用するかで，総資本営業利益率，総資本経常利益率，総資本当期純利益率などとしても計算できます。分子をどの値にしても総資本に対する利益率としてROAとひとくくり出来るため，注意が必要です。

　分子にどの値をとるのかは総資本によってどれだけの営業利益や経常利益，当期純利益を稼いだのかを評価するという事ですので，どの状況で意思決定するのかで優劣は変わってきますが，合理的と考えられる総資本と事業利益（経常利益）の組み合わせを紹介していきます。

　①　総資本と事業利益（経常利益）の組み合わせによるROA

　総資本は，企業が経営活動で使用するすべての資本です。それに対応させるのは資本の全体額から生み出された利益であるべきと考えられます。その利益は本業から得られた営業利益に加えて，営業利益獲得に使用されなかった資本からの利益である受取利息や配当金などの金融収益も加算した事業利益であるべきとの考えができます。事業利益の算定は営業利益に加算する方法と経常利益から減算する方法があります。具体的な事業利益の算定式は以下になります。

　ア）営業利益を修正した事業利益

　営業利益を修正した事業利益の考え方では，営業利益に受取利息・受取配当金を加算して事業利益とします。これは，総資本から獲得された利益は，営業活動に投下した資本からの営業利益と，営業活動以外に投下した金融収益である受取利息や配当金からなると考えるためで，分母と分子の対比を重視するものです。

イ）経常利益を修正した事業利益

経常利益を修正した事業利益の考え方では，経常利益と支払利息を加算して事業利益とします。これは，総資本から獲得された利益は経常利益の計算の過程で支払利息が控除された利益です。そのため足し戻すことで影響を打ち消しています。支払利息の大小は，資本構成の違いから生じるものですが，企業の稼ぐ力とは直接関係がありません。そのため，資本構成の影響を打ち消すために支払利息として経常利益から控除された費用を戻します。

経常利益を使う理由とメリットとしては，事業利益は財務諸表に表示されるものではないため，少しの手間ですが計算しなくてはならない事，上記のように複数の計算方法があることなどから，簡易的に経常利益を使うこともあります。経常利益を使用する最大のメリットは，財務諸表上の数値をそのまま利用できることです。

このように，財務諸表分析の数値そのものを重視するのか，あくまでその値は経営分析の1つの材料として考えるかによってどこまで厳密に分析するのかが変わってきます。

（4）自己資本利益率

自己資本利益率（Return on Equity：**ROE**）とは，自己資本に対する利益の割合をいいます。ROAは総資本という総合的な収益性であるのに対し，ROEは株主という特定の利害関係者が提供した出資からの企業の収益性の高さを判断する指標になります。自己資本利益率においても，自己資本と利益の組み合わせにより，自己資本営業利益率や自己資本経常利益率なども計算できますが，合理的な組み合わせは自己資本当期純利益率だとされています。

①　自己資本と当期純利益の組み合わせによる自己資本利益率（ROE）

ROEは株主の視点からの収益性の指標になるため，株主がリターンを受ける源泉である当期純利益を使用します。分母に株主が出資した自己資本を用い，分子に当期純利益を用います（図表9－5）。株主はこの当期純利益から配当としてリターンを受け取ったり，企業内部で再投資を行ってさらにリターンを高めたりと意思決定を行うことになるからです。欧米など株主重視という考えが強い地域ではROEが重視される傾向があります。

図表 9 － 5　　ROEの計算式

$$ROE（\%）= \frac{当期純利益}{自己資本} \times 100$$

②　デュポンシステム

ROEも資本利益率の1つであるため前述した資本利益率の分解を使って詳細な分析が出来ますが，**デュポンシステム**を使えば3要因に分解でき，さらに詳細な源泉に分析できます。米国の化学メーカーのデュポンが考案した方法であるため，こう呼ばれています。

ROEは当期純利益を自己資本で割ったものですが，売上高と総資本を加えることで，売上高総利益率（当期純利益／売上高），総資本回転率（売上高／総資本），財務レバレッジ（総資本／自己資本）に分解できます（図表9－6）。このデュポンシステムでの分析によって，ROEを高めるために

は，収益性を高める，効率性を高める，資金調達方法を考えること（自己資本の割合を下げる）が必要であることがわかります。

図表9－6　デュポンシステムによるROEの分解

$$
ROE = \frac{当期純利益}{自己資本} = \frac{当期純利益}{売上高} \times \frac{売上高}{総資本} \times \frac{総資本}{自己資本}
$$

$$
= 売上高利益率 \times 総資本回転率 \times 財務レバレッジ
$$

$$
= （収益性）　　　（効率性）　　（財務レバレッジ）
$$

③　財務レバレッジ

財務レバレッジとは，企業が使用する総資本が自己資本の何倍になっているかを表すものです。これは総資本のうち株主が出資する自己資本の割合が低ければ，少ない出資によって大きな利益が生み出されることになります。

たとえば，自己資本を100出資して，10の利益が生じているときに，借入により他人資本（負債）を400とし，総資本500とすれば，利益率が変わらないと考えると50の利益を得ることになります。株主から見ると同じ100しか出資していないのに，負債の利用により5倍の利益を得ることになります（図表9－7）。

図表9－7　借入による財務レバレッジ効果

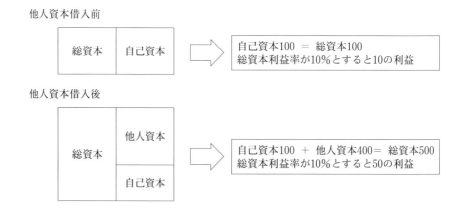

負債を増やすとROEが大きくなることもあり，感覚的に不思議に思われる方もいるかもしれませんが，あくまで株主からの視点ですので注意が必要です。また上記の例は負債利子を考えない単純なものですが，借入金利子率が利益率を上回らなければレバレッジ効果はあるといえます。ただ，財務レバレッジが高いという事は負債の割合が高いという事になるため，収益性は高まりますが，安全性は低下してしまいます。なお，財務レバレッジは後に紹介する自己資本比率の逆数になります。

（5）ROE経営とROA経営の推奨

　わが国では，2014年に経済産業省により「『持続的成長への競争力とインセンティブ～企業と投資家の望ましい関係構築～』プロジェクト」が公表されROEの数値を目標とする経営が掲げられました。伊藤邦雄一橋大学教授（当時）を座長とした報告書であったため，伊藤レポートとして知られています。これは企業が投資家との対話を通じて持続的成長に向けた資金を獲得し，企業価値を高めていくための課題を分析し，提言を行っていましたが「最低限8％を上回るROEを達成することに各企業はコミットすべきである」と掲げたことで，実務界から大きな反響がありました。

　また，2017年に閣議決定された「未来投資戦略2017」においては，投資の指標としてROAを重視することを打ち出しました。政府のKPI（Key Performance Indicator:重要経営指標）として，「大企業（TOPIX500）の ROA について，2025 年までに欧米企業に遜色のない水準を目指す。」という事が打ち出されました。

　このように，政府などによって目標とされる財務指標が打ち出されることがあります。歴史的に見るとどの指標を重視するかというのはその時々のトレンドによるところが大きく，2000年代初頭の株主に対する価値を重視する時流の中で，株主からの投下資本に対するリターンであるROEが重視されてきた傾向もあります。

　管理会計には評価に使われるもの（基準など）があれば，その評価を得るべく人は行動するといわれています。企業も同様に評価基準が変われば行動が変わるかもしれません。現在重視されている指標上では優良と判断されていた企業が，違う指標が重視されると異なった評価を受けることもあるかもしれません。企業を評価するときはそのようなことも留意する必要があります。

　少し前であれば，会社に現金をため込んでいる企業は，成長性のある投資先を見いだせずにお金を無駄にため込んでいると批判されることもあり，モノ言う投資家（大株主で企業に対し積極的に発言する投資家）などからは株主還元策（配当や自社株買い）をするように要求されることもありました。しかし，新型コロナウイルスにより経済が不安定になった時期ではキャッシュリッチによる優良企業と取り上げられることもありました。企業への評価は経済状況によっても大きく変わり，単に数字だけでは判断できないことも多いのです。

　今後もその時々でさまざまな指標を重視することが注目されると思いますが，財務諸表分析はあくまで出発点として，企業の本質を判断することが重要です。

3．売上高による分析

（1）売上高利益率

　売上高利益率とは，売上高に対する利益の割合です。損益計算書の各段階の利益（売上総利益，営業利益，経常利益，当期純利益）を売上高で割って算出します。売上高利益率は高いほうが望ましいといえます。

①　売上高総利益率

　売上高総利益率は，売上高に対する売上総利益の割合です。売上総利益を売上高で割ることで計算します（図表9－8）。売上総利益は粗利益とも呼ばれるため粗利益率という事もあります。

企業が顧客に提供している商品やサービス自体の収益性を表す指標で，商品やサービスの競争力が高い場合に向上します。

　なお，売上高に対する売上原価の割合を示す売上高原価率もあります。単に原価率という場合もあり，売上高総利益率の補数（足すと100%になる数）になります。

図表 9 − 8　売上高総利益率の計算式

$$売上高総利益率（\%）= \frac{売上総利益}{売上高} \times 100$$

②　売上高営業利益率

　売上高営業利益率は，売上高に対する営業利益の割合です。企業の本業による収益性を表す指標です。営業利益を売上高で割ることで計算します（図表9 − 9）。販売費及び一般管理費の費用も含まれることから，商品やサービスだけではなく，それを収益に反映させる力が高い場合に向上します。

図表 9 − 9　売上高営業利益率の計算式

$$売上高営業利益率（\%）= \frac{営業利益}{売上高} \times 100$$

③　売上高経常利益率

　売上高経常利益率は，売上高に対する経常利益の割合です。財務活動なども含めた企業の通常の活動による収益性を示す指標です。経常利益を売上高で割ることで計算します（図表9 − 10）。企業の総合的な収益性を表す指標といえます。資金調達活動による影響（有利子負債など）が含まれるため財政的な影響が反映されます。

図表 9 − 10　売上高経常利益率の計算式

$$売上高経常利益率（\%）= \frac{経常利益}{売上高} \times 100$$

④　売上高当期純利益率

　売上高当期純利益率は，売上高に対する当期純利益の割合です。当期純利益を売上高で割ることで計算します（図表9 − 11）。臨時の損益である特別損益や税金の支払いまで含めた企業活動のすべての結果の収益性を表す指標です。特別損益が巨額になった場合などは大きな影響を受けることもあるため，前期と大きな差が生じた場合は，どの損益の影響が大きいのか注意する必要があります。

図表 9 −11 売上高当期純利益率の計算式

$$売上高当期純利益率（\%）= \frac{当期純利益}{売上高} \times 100$$

第 3 節 安全性分析

安全性分析とは，企業の支払い能力や財務面での安全性を分析するための手法の事をいいます。支払い能力の分析であるため，流動性分析と呼ぶこともあります。安全性は基本的には貸借対照表の資産と負債・純資産のバランスによって分析することになります。安全性が低い企業は，支払い能力の面で不安があり，倒産など投下資金の回収が出来なくなるリスクが高いことを意味します。企業の最大の目標は，投下資本に対する利益を大きくすることです。しかし，いかに収益性が高かったとしても，投資した資本の回収に不安があれば，新たに投資しようとする人が現れないばかりか，既に投資した投資家は資金の回収も考えなくてはなりません。そのため安全性と収益性は表裏一体となります。以下，短期支払能力，長期支払能力，資本構成に分けて説明します。

1．短期支払能力

短期の安全性分析は，企業の短期的な支払い手段と支払い義務の対応関係を分析するものです。短期的な支払い義務に対して，短期的な支払い手段がどの程度確保されているのかを分析します。

（1）流動比率

流動比率とは，短期的な支払い義務である流動負債に対し，短期的な支払い手段である流動資産がどの程度あるのかを示す比率です。つまり1年以内に支払い義務がある負債が，1年以内に現金化され返済に充てられる資産に対し，どの程度確保されているかを表す指標で，流動資産を流動負債で割ることで計算します（図表 9 −12）。流動比率はアメリカの銀行が融資先企業の支払い能力を判定するために用いてきたため，銀行家比率と呼ばれることもあります。

流動比率は業種などにもよりますが，一般的には200%以上が望ましいとされています。これは流動資産には棚卸資産が含まれているため100%では現金化に不安が残るためです。改善策としては，流動負債に含まれる短期債務（短期借入金等）の長期債務への借り換えなどが考えられます。反面，流動比率が高すぎる場合も注意が必要です。現金預金などが多すぎる場合は資金を有効に使えていないことも考えられます。

図表 9 −12　流動比率の計算式

$$流動比率（\%）＝\frac{流動資産}{流動負債}\times 100$$

（2）当座比率

当座比率とは，流動負債に対する当座資産の割合をいいます。当座資産を流動負債で割って計算しますが，当座比率は流動比率よりも確実性の高い支払い能力を示します（図表 9 −13）。当座資産とは流動資産から換金性の低い棚卸資産などを控除したより換金性の高い資産をいいます。現金預金，受取手形，売掛金，有価証券を含み，100%以上が望ましいとされています。

流動比率が良いにもかかわらず，当座比率が悪い場合においては，棚卸資産が過剰となっていることが考えられます。資金繰りを悪化させる危険性があり，注意が必要となります。

図表 9 −13　当座比率の計算式

$$当座比率（\%）＝\frac{当座資産}{流動負債}\times 100$$

（3）インスタントカバレッジレシオ

インスタントカバレッジレシオは，金利負担能力を表すものです。本業の利益である営業利益に加え財務活動で稼いだ金融収益が，支払利息などの金融費用をどの程度賄っているか倍数で表す指標です。事業利益を金融費用で割ることによって算定した倍率です（図表 9 −14）。この指標は高いほうが望ましく，1 倍のときは事業利益（営業利益＋金融収益）と金融費用が同額であることを表します。事業利益は営業利益，受取利息，配当金，金融費用から借入金利息，社債利息，その他他人資本に付される利息を引いた利益です。インスタントカバレッジレシオは，安全性にフロー項目での分析を取り入れたものです。当座比率など安全性はストック項目のみで分析され，支払いの源泉であるフロー項目，つまり利益を考慮していないという課題がありました。そこで費用と収益を考慮した安全性の指標として用いられています。

図表 9 −14　インスタントカバレッジレシオの計算式

$$インスタントカバレッジレシオ（倍）＝\frac{事業利益}{金融費用}$$

2．長期資金調達

　長期の安全性分析は，企業の長期的な資金調達と資金運用の対応を分析するものです。主に企業が保有している固定資産の調達が安定的な資金で賄われているかを分析します。

（1）固定比率

　固定比率とは，固定資産を自己資本によってどの程度カバーしているかを示す指標で，固定資産を自己資本で割ることで計算します（図表9−15）。長期間（1年超）で経営活動に使用される固定資産は，返済義務のない自己資本によって取得されているのが理想的であり，固定比率が100％以下であれば自己資本によって取得されていることになります。なお，**比率が低いほど自己資本によって取得されている**ことになり，**良好な**値であるため注意が必要です。つまり，資金面からみると，安定的な設備投資が行われていることを意味します。

図表9−15　固定比率の計算式

$$固定比率（\%）= \frac{固定資産}{自己資本} \times 100$$

（2）固定長期適合比率

　固定長期適合比率とは，固定負債及び自己資本（長期資本）の合計額に対する，固定資産の割合をいいます。固定資産を自己資本に固定負債を加えたもので割ります（図表9−16）。固定資産は自己資本でカバーするのが理想的ですが，すべてをカバーするのが難しいこともあります。そこで自己資本に短期的には返済義務のない固定負債を加えた長期資本によって，固定資産の取得がカバーされていれば財政状態に問題が無いと考えます。長期適合比率は100％以下であれば長期資本によって固定資産が取得されていることになりますが，100％を超える場合においては短期的に返済されなければならない負債で固定資産への投資が行われているという事になるため，安全性に問題があるといえます。

図表9−16　固定長期適合比率の計算式

$$固定長期適合比率（\%）= \frac{固定資産}{自己資本＋固定負債} \times 100$$

3．資本構成

　資本構成は，企業の支払い能力ではなく，企業の資金調達構造の安全性を分析する指標です。企業が他人資本と自己資本でどのように資金調達をしているかを表す指標です。

（1）自己資本比率

自己資本比率とは，総資本に占める自己資本の割合です。自己資本を総資本で割ることによって算定します（図表9−17）。自己資本は返済義務のない資金であるため，多いほうが財務健全性としては望ましいと言えます。そのため自己資本比率は高いほうが，安全性が高くなります。なお，自己資本比率の逆数が財務レバレッジになるため，収益性の面では自己資本比率が高いほうが望ましいと言えない場合もあります。

図表9−17　自己資本比率の計算式

$$自己資本比率（\%） = \frac{自己資本}{総資本} \times 100$$

（2）負債比率

負債比率は，他人資本と自己資本のバランスを評価するための指標です。負債を自己資本で割って算定します（図表9−18）。返済義務のある他人資本（負債）の割合は低いほうが安全性は高く望ましいと言えます。財務レバレッジが高い場合には負債比率が上昇するため，収益性と安全性のバランスが重要となります。

図表9−18　負債比率の計算式

$$負債比率（\%） = \frac{負債}{自己資本} \times 100$$

第4節　生産性分析

生産性分析とは，企業が投入した経営資源の投入（資本・労働力・原材料など）であるインプットに対して，どの程度のアウトプットがあったのかを分析するものです。生産の効率を表す指標であるため生産性の指標は高いほうが望ましいといえます。生産性は産出量から投入量で割ることによって計算することからもわかるように，生産性を高めるためには産出量の増加か投入量の削減を目指すことになります（図表9−19）。

図表9−19　生産性の計算式

$$生産性 = \frac{産出量（アウトプット）}{投入量（インプット）}$$

1．産出量と付加価値

　企業が生産要素を使って獲得した産出量を表すものとして売上高や生産量なども用いられることがありますが，付加価値が産出量を表すものとして多くの場合使われます。

　付加価値とは企業がその事業活動から生み出したものです。具体的には，企業が外部から購入した原材料やサービスに対して，企業内でどの程度新たな価値を生み出したかを意味するものです。付加価値の計算にはさまざまなものがありますが，ここでは控除方式と加算方式を紹介します。

　控除方式は，売上高から材料費，外注費，商品仕入高などの外部購入費用を控除したものを付加価値としています。控除方式にある外部購入費用を経済学では「中間財」と呼び，売上高から外部購入費用を控除して，内部に蓄積されるものを付加価値と定義しています。

　加算方式は，営業利益に減価償却費，人件費，賃借料，他人資本コスト（支払利息等），税金コストを加算して付加価値を計算しています。加算方式は生み出された成果を誰に分配するのかという事を重視して，付加価値を定義しています。人件費は従業員，賃借料は貸主，他人資本コストは銀行など，税金コストは国に帰属し，営業利益や減価償却費は企業自身に帰属し内部留保となったと考えます。

　なお，控除方式においても減価償却費を控除する方法や加算方式でも当期純利益に加算する方法などもあります。付加価値に含まれる新たな価値とは経済活動によって生み出された新たな価値ですが，計算式にただ当てはめるだけではなく，その価値は誰に帰属するのかを考える事が重要になります。

　中小企業の財務指標（中小企業庁）では付加価値を，経常利益に労務費，人件費，支払利息割引料を加算し，受取利息配当金，賃借料，租税公課，減価償却実施額を減算して計算することとしています。

- 控除方式＝売上高から材料費，外注費，商品仕入高などの外部購入費用を控除
- 加算方式＝営業利益に減価償却費，人件費，賃借料，他人資本コスト（支払利息等），税金コストを加算
- 中小企業の財務指標での付加価値の計算方式＝経常利益＋労務費＋人件費＋支払利息割引料－受取利息配当金－賃借料－租税公課－減価償却実施額

2．労働生産性と分配率

（1）労働生産性

　労働生産性は，付加価値を労働力で割ることによって生産効率を計算します。具体的には付加価値を人件費や従業員数，労働時間などで割ることにより計算します。一般的には分母に従業員数を用いて，従業員一人当たり付加価値額として計算します。また従業員数は年間に平均を使いますが，便宜的に期首と期末の平均を用います。

　労働生産性は生産性分析において最も重要な指標ですが，計算式を分解することにより詳細な分析ができます。労働生産性に売上高を加えることで，従業員1人当たり売上高（売上高／従業員

数）と付加価値率（付加価値／売上高）とすることができます（図表9－20）。

　次に労働生産性の分子と分母に有形固定資産を掛けて分解すると，次のように労働装備率（資本装備率）と設備生産性（資本生産性）に分解することが出来ます（図表9－21）。労働装備率は従業員1人当たりに装備されている有形固定資産（生産設備）を表すため，生産の合理化や省力化を示しています。設備生産性は設備による付加価値の創造効率を示しています。

図表9－20　労働生産性の分解（売上高による分解）

$$\text{労働生産性} = \frac{\text{付加価値}}{\text{従業員数}} = \frac{\text{売上高}}{\text{従業員数}} \times \frac{\text{付加価値}}{\text{売上高}}$$

$$= \text{従業員1人当たり売上高} \times \text{付加価値率}$$

図表9－21　労働生産性の分解（有形固定資産による分解）

$$\text{労働生産性} = \frac{\text{有形固定資産}}{\text{従業員数}} \times \frac{\text{付加価値}}{\text{有形固定資産}} = \text{労働装備率} \times \text{設備生産性}$$

（2）労働分配率

　労働分配率は，付加価値に占める人件費の割合を示し，人件費を付加価値で割ることで計算します（図表9－22）。企業が獲得した付加価値をどの程度従業員に分配しているかを表し，高いほど労働集約的な経営を行っている傾向があります。また，同業他社と比べて労働分配率が高い場合には生産性が低い可能性もあります。

　また労働分配率に従業員数を掛ける事で，従業員一人当たり人件費（人件費／従業員数）と付加価値率の逆数（従業員数／付加価値）に分解することが出来ます（図表9－23）。これにより，労働分配率の増加を抑えるには付加価値向上によって可能となることがわかります。

図表9－22　労働分配率の計算式

$$\text{労働分配率} = \frac{\text{人件費}}{\text{付加価値}}$$

図表9－23　労働分配率の分解

$$\text{労働分配率} = \frac{\text{人件費}}{\text{従業員数}} \times \frac{\text{従業員数}}{\text{付加価値}} = \text{従業員1人当たりの人件費} \times \text{付加価値率の逆数}$$

（3）人件費と生産性

　従業員としては給料の増額を望みますが，経営者にとっては人件費をあまり上げたくないものです。そこで人件費を中心に労働生産性と労働分配率を見てみることにします。従業員1人当たり人件費に付加価値を加えることで，労働分配率（人件費／付加価値）と労働生産性（付加価値／従業員数）に分解することができます（図表9－24）。この様に分解することで，給料の増加には労働分配率の増加だけではなく，労働生産性の向上，つまり付加価値の向上が重要という事がわかります。ただ，従業員数の削減によっても労働生産性は向上するため，安易な従業員数の削減を指向しないよう注意すべきです。

図表9－24　従業員1人当たり人件費の分解

$$\text{従業員1人当たりの人件費} = \frac{\text{人件費}}{\text{従業員数}} = \frac{\text{人件費}}{\text{付加価値}} \times \frac{\text{付加価値}}{\text{従業員数}} = \text{労働分配率} \times \text{労働生産性}$$

3．資本生産性

　資本生産性（資本投資効率）は付加価値を有形固定資産（建設仮勘定を控除）したもので割ることで計算します（図表9－25）。これは，保有している機械や設備，土地等の資本がどれだけ効率的に成果を生み出したというものであり，設備の利用頻度や稼働率向上，効率改善に向けた努力等によって向上します。そのため，有形固定資産の中でもまだ使われておらず，成果を生み出していない建設仮勘定を控除して計算します。

図表9－25　資本生産性の計算式

$$\text{資本生産性（\%）} = \frac{\text{付加価値}}{\text{有形固定資産 － 建設仮勘定}} \times 100$$

第5節　効率性分析

　効率性分析は，活動性分析ともいいます。資本やその運用形態である資産などが一定期間にどの程度運動（活動）して，売上などの成果を得たかという使用効率を分析します。

　効率性分析においては，どの程度効率的に活動できたかを回転率や回転期間という考えで説明します。まず回転率とは，資本や資産などが一定期間（通常1年）に入れ替わった回数をいい，資本や資産の使用効率を表すものです。効率を表すものですから高いほうが効率的に使用されたといえます。対象要素の年間回収額（消費額）を対象要素の年間平均有高で割ることで回転数を計算します（図表9－26）。次に回転期間とは，資本や資産などが1回転するのに要した期間をいいます。対象要素の年間平均有高を対象要素の年間平均回収額（消費額）で割ることで計算します（図表9－27）。これは投下資本の回収期間を示しており，回転期間の単位は通常は月を用いま

すが，年，日を用いる場合もあります。期間ですので，短いほうが効率的な値となります。そして，回転率と回転期間は逆数（掛け合わせると1となる数）の関係にあります。そのため次のような関係があります（図表9－28）。

図表9－26　回転率（回）の計算式

$$回転率（回）= \frac{対象要素の年間回収額（消費額）}{対象要素の年間平均有高}$$

図表9－27　回転期間（月）の計算式

$$回転期間（月）= \frac{対象要素の年間平均有高}{対象要素の年間回収額（消費額）÷ 12}$$

図表9－28　回転率と回転期間の関係

$$回転率（回）= \frac{12カ月}{回収期間} \qquad 回転期間（月）= \frac{12カ月}{回転率}$$

1．資本回転率

　資本回転率は，資本の使用効率を示す指標であり，使用資本によってどれだけの売上高が獲得できたか回転率で示すものです。回転率ですので高いほうが効率的で良好な値となります。分母の資本には売上高を獲得するために使用したと考える資本を用います。

（1）総資本回転率

　総資本回転率は，総資本をどの程度効率的に使って売上高を獲得しているかを表す指標です。売上高を総資本で割ることで計算します（図表9－29）。回転率が高いほうが効率的に売上高を獲得していることを示します。回転率の分析は総資本回転率の分析から始め，個別資産の回転率などを行っていきます。

図表9－29　総資本回転率の計算式

$$総資本回転率（回）= \frac{売上高}{総資本}$$

（2）自己資本利益率

自己資本利益率は，売上高を獲得する中心的な存在は自己資本であると考え，自己資本に対する売上高確保の割合を示すものです。売上高を自己資本で割ることで計算します（図表 9 −30）。数値が高いほうが自己資本を効率的に使っていると考えます。

図表 9 −30　自己資本回転率の計算式

$$自己資本回転率（回）＝\frac{売上高}{自己資本}$$

２．資産回転率（回転期間）

資産回転率は，資産に対する売上高の割合をいい，資産が 1 年間に回転した回数を示しています。売上高を資産で割ることで計算します（図表 9 −31）。資産回転期間は，売上高で資産を回収するまでの期間です。

図表 9 −31　資産回転率の計算式

$$資産回転率（回）＝\frac{売上高}{資産}$$

（1）棚卸資産

①　棚卸資産回転率

棚卸資産回転率とは，棚卸資産に対する売上高の割合をいい，売上高を棚卸資産で割ることで計算し（図表 9 −32），棚卸資産が 1 年間に回転した回数を表します。これは棚卸資産に投下された資金が効率的に回収されている事を示し，高い場合は棚卸資産の販売速度が速いといえ，低下している場合は販売効率が低下し，過剰在庫や販売活動の停滞などの原因があると考えられます。また，在庫管理の適切性などの判定にも使われます。

なお，分母の棚卸資産は原価であるため，原価同士を対応させるため分子に売上原価を使用する場合もあります。

図表 9 −32　棚卸資産回転率の計算式

$$棚卸資産回転率（回）＝\frac{売上高}{棚卸資産}$$

②　棚卸資産回転期間

棚卸資産回転期間は，棚卸資産が在庫として企業内に滞留している日数を示す指標です。棚卸資産を1日当たりの売上原価（売上原価を365日で割ったもの）で割ることで計算します（図表 9 −33）。

これは在庫を仕入れてから販売されるまでに要する日数であり，短いほうが短期間で現金化され，商品が陳腐化する可能性が少なくなることから望ましいといえます。棚卸資産回転率と棚卸資産回転期間は逆数の関係にあるため，棚卸資産回転率が高ければ，棚卸資産回転期間は短くなります。そのため365（日）を棚卸資産回転率で割っても計算できます（図表9－34）。

図表9－33　棚卸資産回転期間の計算式

$$棚卸資産回転期間（日）= \frac{棚卸資産}{売上原価 ÷ 365}$$

図表9－34　棚卸資産回転期間（棚卸資産回転率を使った計算）の計算式

$$棚卸資産回転期間（日）= \frac{365}{棚卸資産回転率}$$

（2）売上債権

売上債権（売掛金，受取手形）の効率性を分析します。なお，貸倒引当金がある場合は売上債権から控除して計算します。

①　売上債権回転率

売上債権回転率とは，売上債権（売掛金，受取手形）に対する売上高の割合をいい，売上高を売上債権で割ることで計算します（図表9－35）。売上債権が効率的に回収されているかを表す指標です。

図表9－35　売上債権回転率の計算式

$$売上債権回転率（回）= \frac{売上高}{売上債権}$$

②　売上債権回転期間

売上債権回転期間とは，売上債権を回収するのに要した日数を表すものです。売上債権を1日当たり売上高で割ることで計算します（図表9－36）。短いほうが短期間で現金化されていることから望ましいといえます。売上債権回転率と売上債権回転期間は逆数の関係にあるため，売上債権回転率が高ければ，売上債権回転期間は短くなります。そのため365（日）を売上債権回転率で割っても計算できます（図表9－37）。

図表 9 − 36　売上債権回転期間の計算式

$$\text{売上債権回転期間（日）} = \frac{\text{売上債権}}{\text{売上高} \div 365}$$

図表 9 − 37　売上債権回転期間（売上債権回転率を使った計算）の計算式

$$\text{売上債権回転期間（日）} = \frac{365}{\text{売上債権回転率}}$$

3．その他の回転率（回転期間）

（1）仕入債務回転率（回転期間）

　仕入債務は支払手形と買掛金の事であり買入債務ともいいます。ここでは負債の効率性を測ります。

　まず，**仕入債務回転率**とは，仕入債務の支払い速度を測る指標です。仕入債務は仕入れに使われる金額のため，分子には当期商品仕入高を使います（図表 9 − 38）。仕入債務回転率は，高ければ仕入れ代金の支払い速度が速く，低ければ支払い速度が遅いことになります。支払いですので低いほうがキャッシュの流出が遅くなり良好とも思えますが，手元のキャッシュが潤沢な場合は高くなることもあり，一概にはどちらが良いとはいえません。そのため，売上債権回転率とのバランスが重要であり，両者を比較して判断することが求められます。

　次に**仕入債務回転期間**とは，仕入債務が発生してから実際に支払うまでの日数を表す指標です。仕入債務を 1 日あたりの仕入高（仕入高を365で割ったもの）で割ることで計算します。期間が短いと早期にキャッシュを支払っていることになり，キャッシュが長く企業内に残っていることになります。これもどちらが良いかは一概にいえず，回転期間をスタートとして他の要素を検討することになります。仕入債務回転率と仕入債務回転期間は逆数の関係にあることから，仕入債務回転期間が低ければ，仕入債務回転期間は長くなります。そのため365（日）を仕入債務回転率で割っても計算できます（図表 9 − 40）。

図表 9 − 38　仕入債務回転率の計算式

$$\text{仕入債務回転率（回）} = \frac{\text{当期商品仕入高}}{\text{仕入債務}}$$

図表 9 −39　仕入債務回転期間の計算式

$$仕入債務回転期間（日） = \frac{仕入債務}{仕入高 \div 365}$$

図表 9 −40　仕入債務回転期間（仕入債務回転率を使った計算）の計算式

$$仕入債務回転期間（日） = \frac{365}{仕入債務回転率}$$

（2）キャッシュ・コンバージョン・サイクル（CCC）

キャッシュ・コンバージョン・サイクル（Cash Conversion Cycle：CCC）とは，材料や仕入などに支払った現金が，再び現金化され入金されるまでのサイクルです。CCCは売上債権回転期間に棚卸資産回転期間を加算し，仕入債務回転期間を減算して計算されます（図表 9 −41）。CCCは通常日数で表されますが，これは出金から入金までのタイムラグであり，短いほうが望ましい数値といえます。わが国におけるCCCは全産業で30日から40日程度とされますが，業界によって大きく異なります。サービス業では10日前後の場合も多いですが，製造業では60日前後となっています。そのため製造業ではCCCの値を経営上重視する企業が多くなっています。

図表 9 −41　CCCの計算式

$$CCC（日） = 売上債権回転期間 + 棚卸資産回転期間 - 仕入債務回転期間$$

第 6 節　成長性分析

1．成長性分析とは

成長性分析とは，2 期間以上のデータを比較することにより，企業の成長度合いやその要因を分析する方法です。財務諸表分析での分析手法はいくつか紹介しましたが，これらは 1 期間のデータによるものです。投資家は企業がどのように変化していくのか把握し，中長期的な資金供給も行うことから企業の成長性を検討することが重要となります。有価証券報告書が前期と当期の 2 期間の財務諸表を掲載しているのは，成長性に関する情報提供という意味合いもあります。

成長性分析には 2 つの方法があります。ひとつは実数を比較する方法で，売上高，付加価値，利益，資本などの実数そのものを比較する方法です。数字（金額）ベースで比較するために，企業規模や利益の絶対額を比較するときに使います。もうひとつが比率を比較する方法で，売上高利益率，総資本利益率，回転率等の比率を比較する方法です。企業規模や利益の実数はわかりませんが，規模の異なる企業を比較するときに有用になります。

成長性を示す方法は成長率と増減率があります。**成長率**とは，当期の実績値と前期の実績値を

比較する方法です。当期実績値を前期実績値で割ることで算定します。100％で前期実績と同じ
であるため100％超で成長，100％未満でマイナス成長となります（図表9－42）。次に**増減率**とは，
当期実績値と前期実績値の増減額を前期実績値と比較する方法です。当期実績値から前期実績値
を減算したものから，前期実績値で割ることで算定します（図表9－43）。増減率がプラスの値で
あれば成長，マイナスの値であればマイナス成長となります。

図表 9 － 42　成長率の計算式

$$成長率（\%）= \frac{当期実績値}{前期実績値} \times 100$$

図表 9 － 43　増減率の計算式

$$増減率（\%）= \frac{当期実績値 － 前期実績値}{前期実績値} \times 100$$

2．損益計算書（フロー）項目による分析

　成長性分析は多くの組み合わせで可能ですが，ここでは損益計算書項目で重要な売上高営業利
益率と経常利益増減率を紹介します。

（1）営業利益増減率

　営業利益増減率は，前期の営業利益と比較して，当期の営業利益がどれだけ増減したかを表し，
本業の成績の成長性を見るうえで重要となります。当期営業利益から前期営業利益を減算し，そ
れを前期営業利益で割ることによって計算します（図表9－44）。

図表 9 － 44　営業利益増減率の計算式

$$営業利益増減率（\%）= \frac{当期営業利益 － 前期営業利益}{前期営業利益} \times 100$$

（2）経常利益増減率

　経常利益増減率は，前期の経常利益と比較して当期の経常利益がどれだけ増減したかを表し，
企業の正常な収益力がどれだけ成長したかを表します。経常利益は，企業の営業活動に加え財務
活動を含めた経常的な利益であるため，成長性分析の中でも重要といわれます。当期経常利益か
ら前期経常利益減算し，それを前期経常利益で割ることによって計算します（図表9－45）。

図表 9 − 45　経常利益増減率の計算式

$$経常利益増減率（\%）= \frac{当期経常利益 \ - \ 前期経常利益}{前期経常利益} \times 100$$

3．貸借対照表（ストック）項目

（1）総資本増減率

　総資本増減率は，前期末の総資本と比較して，当期末の総資本がどの程度増減したかを表します。当期末総資本から前期末総資本を減算し，それを前期末総資本で割ることによって計算します（図表 9 −46）。企業活動の結果としての経営成績や資金調達の結果が反映されますので，総資本増加率の増減は重要となります。ただし，新たな借入金によっても増加し，支払利息が増加する可能性もあります。そのため自己資本増減率と比較しながら良否を検討することになります。

図表 9 − 46　総資本増減率の計算式

$$総資本増減率（\%）= \frac{当期末総資本 \ - \ 前期末総資本}{前期末総資本} \times 100$$

（2）自己資本増減率

　自己資本増減率は，前期末の自己資本と比較して，当期末の自己資本がどの程度増減したかを表します。当期末自己資本から前期末自己資本を減算し，それを前期自己総資本で割ることによって計算します（図表 9 −47）。経営成績や増資などの結果が反映されるため，安定的な資金が増減したかを表すことが出来るため重要となります。ただし，増資の結果として配当金の支払い（資本コスト）などが増加することもあるため，調達した資金による利益なども検討しながら良否を検討することになります。

図表 9 − 47　自己資本増減率の計算式

$$自己資本増減率（\%）= \frac{当期末自己資本 \ - \ 前期末自己資本}{前期末自己資本} \times 100$$

第 7 節　キャッシュ・フロー分析，株価を用いた分析

　キャッシュ・フロー計算書ではキャッシュの流れを表すことが出来ます。これに対しキャッシュ・フロー分析は，企業活動に必要な現金がどの程度か分析するもので，企業内部の管理のためや，外部における融資の時などに活用されます。

また，株価を使った分析は投資家などの外部利害関係者の意思決定に大きな影響を与えるため重要となります。

1．キャッシュ・フロー分析
（1）フリー・キャッシュ・フロー

フリー・キャッシュ・フロー（Free Cash Flow：**FCF**）とは，企業の営業活動によって生み出された資金が，企業活動の継続に必要な資金を再投資した後に残ったものです。これは企業が自由に使えるキャッシュになります。FCFは税引き後の営業利益に減価償却費を加算し，設備投資や運転資本の増減を減算したものです（図表 9 −48）。

しかし，外部利害関係者など，外部分析者は設備投資額がわからないことも多いため，営業キャッシュ・フローと投資キャッシュ・フローの合計額をFCFとすることが，実務を中心に多く使われています（図表 9 −49）。これは本業から獲得したキャッシュ・フローである営業キャッシュ・フローから設備投資などに使った投資キャッシュ・フローを差し引いた後に残ったキャッシュ・フローがフリー・キャッシュ・フローであると考えます。

図表 9 −48　営業利益を起点としたFCF

FCF ＝ 営業利益 ×（1 −税率）＋ 減価償却費 − 設備投資 − 運転資本の増減

図表 9 −49　営業キャッシュ・フローを起点としたFCF

FCF ＝ 営業キャッシュ・フロー ＋ 投資キャッシュ・フロー

（2）運転資本

運転資本とは，企業活動に必要となる資本（資金）のことです。企業活動は仕入から売上までサイクルがありますが，仕入によって支払った現金は商品になり，その後販売，代金の回収といった活動を経るまで現金として手元に入ってこないことになります。この期間に必要となる資金が運転資本です。運転資本は，売上債権と棚卸資産を合わせたものから仕入債務を減算して計算します（図表 9 −50）。

仕入は仕入債務の支払い後，商品となり，売上の後売上債権の回収を行って現金となるためこのような計算式で表されます。運転資本を十分に満たす手元資金がない場合，短期的な借り入れなどで資金調達する必要があるため，支払利息等のコストが発生します。

なお，正味運転資本（賞味運転資金）もありますが，こちらは主に資金運用表などで使われるものであり「流動資産と流動負債の差額」で計算されるものであり，運転資本と混合しないよう注意してください。

図表 9 −50　運転資本の計算式

運転資本 ＝ 売上債権 ＋ 棚卸資産 − 仕入債務

（3）運転資本とキャッシュ・フロー

キャッシュ・フローが減少傾向にある場合は，運転資本の増加が原因となっている場合が多くあります。業績が伸びている場合には仕入が増加しますが，棚卸資産や売上債権も増加するため運転資金が増加します。売上が急伸した後に，景気変動などで売上が落ち込んだ場合などはキャッシュ・フローの状況に注意が必要です。

２．株価を用いた分析

株価とは株式会社の株式につけられた価格です。株式は譲渡することが出来ますから，その際に価格が付けばそれが株価となります。株価は投資家が企業の将来性を判断して売買するため，投資家の期待が反映されたものといえます。

（1）株価純資産倍率（PBR）

株価純資産倍率（Price Book-value Ratio：PBR）は株価が1株当たり純資産の何倍まで買われているかを表す指標です。株価を1株当たり純資産で割ることによって，算定した倍率を用います（図表9 −51）。株価が企業の資産価値に対して割高か割安かを判断する目安として利用されます。1倍を下回ると資産価値よりも解散価値の方が高くなってしまうため，株式を買い集めて解散すると理論上利益が生ずることになります。ただし，純資産の額はあくまで帳簿上の価格であることや解散には多大なコストが生ずることから現実的には難しいと思われます。そしてPBRは1倍が株価の底値のひとつの目安とされてきましたが，企業によっては1倍を下回ったままの銘柄も多くなり，必ずしもPBRの1倍割れだけを底値の判断基準とすることはできなくなっています。

図表 9 −51　PBRの計算式

$$PBR（倍）＝ \frac{株価}{1株あたり純資産}$$

（2）株価収益率（PER）

株価収益率（Price Earnings Ratio：**PER**）とは，株価を当期純利益で割ったものであり，株価が一株当たり純利益の何倍まで買われているか，つまり純利益の何倍の価値が株価に付けられているかを表すもので，株価を 1 株当たり当期純利益で割って計算した倍率です（図表 9 − 5 2）。利益や成長率の高い会社ほど，投資家による将来の収益拡大の期待が株価に織り込まれるため，PERは高くなる傾向があります。しかし，企業が属する業界や規模等で成長の機会は大きく異なりますので，単純にPERが何倍だから割安であるとか割高であるという絶対的な基準はありません。そのため，同業種間や経営内容の似ている企業間での比較に用いるのが一般的です。

図表 9 −52　PERの計算式

$$PER（倍）= \frac{株価}{1 株当たり当期純利益}$$

──── 練 習 問 題 ────

問題 9 − 1

　次の財務諸表（ 1 部抜粋）に基づき質問に答えなさい。財務諸表はファーストリテイリング（ユニクロ），しまむら，ニトリホールディングス（HD）である。なお，計算にあたっては，小数点以下第 2 位を四捨五入すること。

ファーストリテイリング（単位：百万円）

【連結損益計算書】		【連結貸借対照表】※	
売上高※	2,290,548	流動資産合計	1,638,174
売上原価	1,170,987	固定資産合計※	372,384
売上総利益	1,119,561	流動負債合計	476,658
販売費及び一般管理費※	861,925	固定負債合計※	550,365
営業利益	236,212	純資産合計	983,534

※IFRSによるものを問題作成上一部修正

しまむら（単位：百万円）

【連結損益計算書】		【連結貸借対照表】	
売上高	521,982	流動資産合計	240,113
売上原価	352,307	固定資産合計	167,868
売上総利益	169,675	流動負債合計	37,158
販売費及び一般管理費	147,602	固定負債合計	4,921
営業利益	22,895	純資産合計	365,901

ニトリHD（単位：百万円）

【連結損益計算書】		【連結貸借対照表】	
売上高	642,273	流動資産合計	263,589
売上原価	287,909	固定資産合計	419,657
売上総利益	354,364	流動負債合計	97,063
販売費及び一般管理費	246,886	固定負債合計	25,322
営業利益	107,478	純資産合計	560,861

問1　それぞれの売上高総利益率を計算しなさい。

問2　売上総利益率からファーストリテイリングとしまむらのビジネスモデルの違いを答えなさい。

問3　ファーストリテイリングとニトリHDの固定比率を計算しなさい。

問4　ファーストリテイリングとニトリHDの自己資本比率を計算しなさい。

問5　ファーストリテイリングとニトリHDの固定比率よりビジネスモデルの違いを答えなさい。

【解答】

問1　売上高総利益率の計算式は次のとおりです。

$$売上高総利益率（\%）= \frac{売上総利益}{売上高} \times 100$$

ファーストリテイリングの売上高総利益率

$$売上高総利益率（\%）= \frac{1,119,561}{2,290,548} \times 100 ≒ 48.9\%$$

しまむらの売上高総利益率

$$売上高総利益率（\%）= \frac{169,675}{521,982} \times 100 ≒ 32.5\%$$

問2　売上高総利益率を中心に考えた一例を記載します。

　　　ファーストリテイリングはユニクロやジーユーをもつ国内首位のアパレルで，世界でも3位という企業に創業社長の下で成長しています。しまむらは国内2位で，低価格で品質が良く，多くの品ぞろえをする店舗で人気がある衣料品チェーンです。しまむら各店を，掘り出し物を求めてパトロールする「しまパト」をする来店者がいるほど人気があります。

　　　問1で売上高総利益率が**ファーストリテイリングで48.9%，しまむらで32.5%**となりましたが，このような差異が生じた理由を考えてみましょう。これは問題文でも問うていますが，それぞれのビジネスモデルが異なるからです。ファーストリテイリングの特徴はSPAモデルを採用していることにあります。SPAとは製造小売業の事で，自社で販売する製品を自社で企画製造しているビジネスモデルです。この方式のメリットは，中間業者を経ないため，中間マージンがかからず，自社で価格設定がしやすいという点にあります。一方しまむらは，製造業者から仕入れて販売するという仕入販売モデルですので，幅広い商品をそろえることが出来ますが，ファーストリテイリングよりも利益率が低くなってしまいます。

　　　このように財務諸表分析上の数字は企業のビジネスモデルなどと結びついているため，分析だけではなく，そこを切り口として企業の実情を調査することが重要になるため，数字の良否に終始した分析をしないようにしてください。今回はSPAモデルか仕入販売モデルかといった一つの切り口での分析のため，必ずしも企業全体の実態を完全に反映したものではないかもしれません。ユニクロの店舗と，しま

むらの店舗や商品を見比べてどのような点が財務分析上の数字に反映されるか見てみるのもいいかもしれません。

問3　固定比率の計算式は次のとおりです。

$$固定比率（\%）= \frac{固定資産}{自己資本} \times 100$$

ファーストリテイリングの固定比率

$$固定比率（\%）= \frac{372,384}{983,534} \times 100 ≒ 37.9\%$$

ニトリHDの固定比率

$$固定比率（\%）= \frac{419,657}{560,861} \times 100 ≒ 74.8\%$$

問4　自己資本比率の計算式は次のとおりです。

$$自己資本比率（\%）= \frac{自己資本}{総資本} \times 100$$

ファーストリテイリングの自己資本比率

$$自己資本比率（\%）= \frac{983,534}{2,010,558} \times 100 ≒ 48.9\%$$

ニトリHDの自己資本比率

$$自己資本比率（\%）= \frac{560,861}{683,246} \times 100 ≒ 82.1\%$$

問5　固定比率を中心に考えた一例を記載します。

　　ニトリは，家具とホームファッションを中心に扱う企業です。問3で固定比率を算定しましたが，**ファーストリテイリングで37.9%，ニトリHDで74.8%**となりました。この理由を考えてみましょう。

　　ニトリはファーストリテイリングと同様にSPAモデルを採用しています。SPAモデルは米GAPが採用したビジネスモデルであり，衣料品の製造小売が中心でしたが，現在では衣料品だけでなく他の業種でも製造小売業であればSPAモデルの企業とされます。ニトリは1970年代という早い段階から製造小売業を指向して活動を行ってきました。ニトリのSPAの特徴としては自社工場の保有や物流も自社で行うことから製造・物流・販売に至るまでの一連の過程を，中間コストを削減しながら行っています。そのためニトリは「製造物流小売業」と自らのビジネスモデルを呼んでいます。ファーストリテイリングは製造を外部委託するなど，企業外のパートナーと協力しながら事業を行っています。この点が同じSPAモデルの企業でありながら固定比率に大きな差が出た理由です。また，ニトリは家具を扱いますから大型店舗が多いことなども理由の一つです。

　　SPAモデルは現在好調な小売業に多くみられますが，これは企業が競争力の源泉として長い間製造と小売りの融合に取り組んできた結果になります。ニトリの創業者である似鳥昭雄氏の講演を聞いたことがありますが，当初の海外工場の製品は不良品も多く大変だったとお話をされていました。そういった時代を乗り越えてニトリは30期以上の増収増益を達成しており，その結果が**ニトリの82.1%という高い自己資本比率**からも読み取れます。

　　小売業の実店舗では「ショールーミング」という，実店舗で商品を確認して，ネットでその商品を安い値段で買うという事への対策が問題となりますが，SPAモデルの小売業ではショールーミング化しても，自社のネット通販サイトに行くだけなので全社的な売り上げとしては問題ありません。この，他社

にないものを売るというSPAモデルはさまざまな業界に拡がりながら影響力を増していくと思われます。

問題9－2

次の財務諸表（1部抜粋）に基づき，質問に答えなさい。財務諸表はコメダホールディングス（HD），ドトール・日レスホールディングス（HD）です。なお，計算にあたっては，小数点以下第2位を四捨五入すること。

問1　コメダHDとドトール・日レスHDの売上高営業利益率を計算しなさい。

問2　コメダHDとドトール・日レスHDの固定長期適合比率を計算しなさい。

問3　コメダHDとドトール・日レスHDの売上高営業利益率と固定長期適合比率から，どのようなビジネスモデルか答えなさい。

コメダHD（単位：百万円）

【連結損益計算書】		【連結貸借対照表】※	
売上高※	31,219	流動資産合計	18,220
売上原価	19,131	固定資産合計※	80,217
売上総利益	12,087	流動負債合計	11,272
販売費及び一般管理費※	4,375	固定負債合計※	53,952
営業利益	7,878	純資産合計	33,123

※IFRSによるものを問題作成上一部修正

ドトール・日レスHD（単位：百万円）

【連結損益計算書】		【連結貸借対照表】	
売上高	131,193	流動資産合計	54,453
売上原価	51,839	固定資産合計	76,589
売上総利益	79,354	流動負債合計	17,642
販売費及び一般管理費	69,064	固定負債合計	7,260
営業利益	10,289	純資産合計	106,139

【解答】

問1　売上高営業利益率の計算式は次のとおりです。

$$売上高営業利益率（\%）= \frac{営業利益}{売上高} \times 100$$

コメダHDの売上高営業利益率

$$売上高営業利益率（\%）= \frac{7,878}{31,219} \times 100 ≒ 25.2\%$$

ドトール・日レスHDの売上高営業利益率

$$売上高営業利益率（％）＝ \frac{10,289}{131,193} \times 100 ≒ 7.8\%$$

問2　固定長期適合比率の計算式は次のとおりです。

$$固定長期適合比率（％）＝ \frac{固定資産}{自己資本 ＋ 固定負債} \times 100$$

コメダHDの固定長期適合率

$$固定長期適合比率（％）＝ \frac{80,217}{33,213 ＋ 53,952} \times 100 ≒ 92.0\%$$

ドトール・日レスHDの固定長期適合率

$$固定長期適合比率（％）＝ \frac{76,589}{106,139 ＋ 7,260} \times 100 ≒ 67.5\%$$

問3　売上高総利益率や固定長期適合比率からみた一例を記載します。

　　コメダHDはコメダ珈琲店を全国に展開するチェーン店です。ほとんどがコメダ珈琲店でブランドはわずかです。ドトール・日レスHDはドトールコーヒーの他にも洋麺屋五右衛門や星乃珈琲店を展開しています。それでは**コメダHDの営業利益率25.2％，ドトール・日レスの営業利益率HD7.8％**と大きな差が出た理由を考えてみましょう。

　　この理由の一つが両社の販売費及び一般管理費の違いです。コメダHDは15％程度でドトール・日レスHDは50％を超えています。これはコメダHDがほとんど直営店をもたずフランチャイズ形式（FC）で事業を行っているからです。店舗数の95％程度がFCとなっているため，店舗運営の費用はわずかで済みます。また収益の多くがFCに対するコーヒーやパン類の販売となり，販売先も決まっているため，費用は抑えることが出来ます。そのためコーヒーやパン類の安定供給は重要な収益源であり，自社工場をもつなど安定供給には配慮しています。この自社工場が保有に経営資源を振り分けていることから，コメダHDの固定長期適合率は高いものと考えられます。固定長期適合率がドトール・日レスHDよりも高いことは指標としては良いとは言えませんが，コメダHDがどこを競争力の源泉と考え，経営資源を投下しているかが読み取れます。

　　一方，ドトール・日レスHDはFC展開もしていますが，25％程度が直営店であり多くの店舗を運営しています。財務諸表の【設備の状況】から読み取れることとして，コメダHDはパンやコーヒー製造工場として13カ所全国に保有していますが，ドトール・日レスHDは焙煎工場が関東と関西に2カ所あるのみで，あとは店舗の記載が中心です。考えられることとして，コメダHDは自社のコーヒーやパンを強みと考え，ドトール・日レスHDは店舗の場所（利便性）を強みと考えているかもしれません。最後は推測ですが，こういった点からも財務諸表分析をきっかけとして考えるようにしてください。

※連結財政状態報告書を連結貸借対照表，売上収益を売上高に変更し，販売費及び一般管理費にその他営業収益，費用に合算した。また非流動資産，非流動負債をそれぞれ固定資産，固定負債とした。

◆ 参考文献 ◆

［1］ 金子智朗『理論とケースで学財務分析』同文館出版，2020年。

［2］ 桜井久勝『財務諸表分析（第8版）』中央経済社，2020年。

［3］ 高田直芳『新・ほんとうにわかる経営分析』ダイヤモンド社，2016年。

［4］ 山根節，太田康広，村上裕太郎『ビジネス・アカウンティング（第4版）』中央経済社，2019年。

索　引

〈著者紹介〉

岩橋忠徳（いわはし・ちゅうとく）　担当：第1章，第3章
　1973年　京都府生まれ。
　2001年　西南学院大学大学院経営学研究科博士後期課程単位取得退学。
　　　　　札幌大学経営学部（現地域共創学群経営学専攻）専任講師，准教授を経て，
　2017年　札幌大学地域共創学群経営学専攻教授。現在に至る。
＜主要業績＞
『簿記入門（第2版）』（共著）森山書店，2014年4月。
『はじめまして会計学』（共著）中央経済社，2019年4月。
「公会計における複式簿記に関する一考察」『札幌大学総合論叢』第42号，pp.59-75，2016年10月。
　"Local Public Accounting in Japan: the Status quo and the Issue."*The 12th China and Japan Management Forum Papers*, *Guangdong University of Foreign Studies*. 2017 Oct., 26-32.

大澤弘幸（おおさわ・ひろゆき）担当：第4章
　1971年　千葉県生まれ。
　　　　　慶應義塾大学経済学部卒業，都内公認会計士事務所勤務を経て税理士登録（第103216号）。
　2007年　北海道大学大学院経済学研究科会計情報専攻修了。会計修士（専門職）
　　　　　新潟経営大学助教，専任講師，准教授を経て，
　2020年　新潟経営大学経営情報学部教授。現在に至る。
＜主要業績＞
「高率な純資産減少割合を伴う資本剰余金配当の異質性について―自己株式取得との共通点を踏まえて―」（櫻田譲氏と共著）『企業経営研究』第17号，pp.31-44，2014年5月。
「業務主宰役員給与に対する税制の改廃と納税者行動に関する分析」北海道大学　『経済学研究』第67巻第2号，pp.17-28，2017年12月（櫻田譲氏と共著）。
「株式報酬による役員給与の課税連関に関する考察―平成29年度税制改正を踏まえて―」『新潟経営大学紀要』pp.27-36，2019年3月。

大沼　宏（おおぬま・ひろし）担当：第2章，第6章
　1969年　北海道生まれ。
　1997年　一橋大学大学院商学研究科博士後期課程単位取得退学。博士（商学，一橋大学）小樽商科大学商学部専任講師（1998年～助教授）。
　2004年　ノースキャロライナ大学チャペルヒル校客員研究員（～2005年）。
　2006年　東京理科大学経営学部助教授（2007年～准教授）を経て，
　2018年　東京理科大学経営学部教授。
　2019年　中央大学商学部教授。現在に至る。
＜主要業績＞
　"Corporate Governance Issues regarding Transfer Pricing Taxation: Evidence in Japan"*Asian Business Research* Vol.2, no.3：58-74，2017.（櫻田譲氏と共著）
「税負担削減行動とコーポレート・ガバナンスの結びつき」『証券アナリストジャーナル』第55巻第7号，pp. 6-15，2017.
「税務会計のグローバル化と企業行動」『会計』第191巻第2号，pp.233-244，2017.
『租税負担削減行動の経済的要因―租税負担削減行動インセンティブの実証分析―』同文舘出版，2015年。

櫻田　譲（さくらだ・じょう）担当：第7章
　1970年　北海道生まれ。
　2001年　東北大学大学院経済学研究科博士課程後期課程修了。博士（経済学）
　　　　　山口大学経済学部専任講師，助教授を経て，
　2005年　北海道大学大学院経済学研究科会計専門職大学院助教授。現在に至る（2007年より准教授）。
＜主要業績＞
「ストック・オプション判決に対する市場の反応」『第6回税に関する論文入選論文集』財団法人納税協会
連合会，pp.53-94，2010年11月30日（大沼宏氏と共著）。
「外国子会社利益の国内環流に関する税制改正と市場の反応」『租税資料館賞受賞論文集　第二十回
（二〇一一）上巻』　pp.233-258，2011年11月（院生と共著）。
「みなし配当・みなし譲渡課税が資本剰余金配当に与える影響について」『第35回日税研究賞入選論文集』
pp.11-50，2012年8月31日。
『税務行動分析』北海道大学出版会，2018年。

塚辺　博崇（つかべ・ひろたか）担当：第9章
　1977年　北海道生まれ。
　　　　　金融機関等の民間企業を経て，
　2007年　北海道大学大学院経済学研究科会計情報専攻修了。会計修士（専門職）
　　　　　新潟経営大学助手，助教，専任講師を経て，
　2019年　中小企業診断士登録。
　2020年　新潟経営大学准教授。
　2021年　日本医療大学医療福祉学部設置準備室。
　2022年　日本医療大学准教授。現在に至る。

＜主要業績＞
「三様監査に関する一考察　―監査役・公認会計士・内部監査部門の連携の視点から―」『新潟経営大学紀
要』第20号，pp.103-110，2014年。
「内部統制無効化に関する一考察　―第三者委員会報告書における検討―」『新潟経営大学紀要』第25号，
pp.37-48，2019年。
「近年の超高額役員給与支給事例の傾向」（共著）『企業経営研究』第22号，pp.1-15，2019年。

柳田具孝（やなぎだ・ともたか）担当：第1編第2章
　1979年　奈良県生まれ。民間企業勤務を経て，
　2020年　北海道大学大学院経済学院博士後期課程修了。博士（経営学）
　　　　　東京理科大学経営学部助教を経て，
　2021年　東京理科大学経営学部講師。現在に至る。
＜主要業績＞
"The Effect of the 2015 Code Revision to the Corporate Governance Code on Japanese Listed
Firms" *Asian Academy of Management Journal of Accounting and Finance*, forth coming.
「上場企業における超高額役員退職金の支給状況とコーポレート・ガバナンス」（共著）『産業経理』第79
巻3号，pp.134-143，2019年。
「会計参与の法的責任に関する裁判事例からの規範的考察：税理士に対する損害賠償請求事例を中心とし
て」『日税研究賞入選論文集』第39巻，pp.13-46，2016年。

Newベーシック企業会計

2020年9月25日　　初版発行
2023年3月30日　　初版二刷発行

著　者：岩橋忠徳・大澤弘幸・大沼　宏
　　　　櫻田　譲・塚辺博崇・柳田具孝

発行者：長谷雅春
発行所：株式会社五絃舎
　　　　〒173-0025
　　　　東京都板橋区熊野町46-7-402
　　　　TEL・FAX：03-3957-5587

組　版：Office　Five　Strings
印刷・製本：モリモト印刷
Printed in Japan ⓒ 2023
ISBN978-4-86434-121-9